Bons *Pains* *petits festins !*

Conception graphique et réalisation : Lucile Jouret
Coordination éditoriale : Laure Lamendin
Lecture-correction : Armelle Heron

ISBN : 978-2-7006-0686-7

Bons *Pains* *petits festins !*

70 recettes salées et sucrées

Michèle Villemur

Photographies
Natacha Nikouline

Aubanel

Sommaire

Les Salées

Les Sucrées

Avant-propos

Elle est à toi cette chanson, toi l'hôtesse qui sans façon,
m'a donné quatre bouts de pain, quand dans ma vie il faisait faim. [...]
Ce n'était rien qu'un peu de pain, mais il m'avait chauffé le corps,
et dans mon âme il brûle encore, à la manière d'un grand festin. [...]
Chanson pour l'Auvergnat, Georges Brassens.

Qui, rentrant chez lui, n'a pas tourné la clé dans la serrure tout en croquant, par les deux bouts, une baguette croustillante et moelleuse, dorée comme les blés ? Un geste qui rappelle l'enfance et signe le goût pour les choses authentiques...
Je dois l'avouer : je suis cuisinière et gourmande devant l'Éternel... et cela ne date pas d'hier puisque, en tant qu'épouse de diplomate, j'ai œuvré pendant vingt ans, avec beaucoup de plaisir, derrière les fourneaux de la République pour satisfaire des milliers de convives.
Après *Plats Canailles* et *La Pièce du Boucher*, *Bons Pains, petits festins !* marque un anniversaire important : il est mon dixième livre de cuisine, et le premier réalisé avec mes recettes personnelles ! Soixante-dix petits festins sans chichis, bien dans l'air du temps, qui raviront, à coup sûr, famille et amis. Ce livre, fruit d'une insatiable gourmandise, se veut haut en couleur et riche en saveurs : des recettes salées et sucrées, mettant en scène différentes variétés de pains, à la fois gourmandes et simplissimes. En ces temps de crise et de changement de mode de vie, le pain ne s'inscrit-il pas comme une valeur refuge ?
De plus, il renferme tant de richesses insoupçonnées !
Produit de première nécessité – pas moins de 563 680 000 baguettes sont consommées chaque année en Île-de-France –, qu'il soit baguette en léger fourreau ou miche rustique en lourd manteau, le pain est l'ami de notre bien au quotidien. Il est riche en fibres, en protéines végétales et en glucides complexes.
Dans l'univers secret et passionnant de la boulange, Natacha Nikouline, jeune styliste et photographe de talent, a sublimé les ambiances raffinées, contemporaines, leur donnant à la fois force et simplicité. En sa compagnie, je me suis évadée et me suis régalée, tant les yeux que l'estomac...

Les boulangeries sont des relais de partage et de convivialité.
« Comment va Mauricette, elle n'est pas venue prendre sa baguette aujourd'hui ? » demande Véronique Mauclerc, boulangère au grand cœur, rue de Crimée. Les premiers froids de l'hiver ont en effet empêché la vieille dame d'effectuer sa visite. Sa baguette de Tradition lui sera donc livrée sous peu.
Ma rencontre avec les artisans boulangers me permit de découvrir des êtres pleins de courage et d'imagination. En veste et sabots blancs, pantalon quadrillé de gris, à la lumière blafarde de leur fournil, tous m'ont reçue avec gentillesse, me confiant leurs secrets, les mains dans la farine, certains avec beaucoup d'émotion. « Voyez, là-haut dans l'encoignure du plafond, cette fine toile d'araignée... quand le vent du sud la fera tousser, je sais quelle allure prendra

ma pâte ! » affirme Jean-Paul Veziano, artisan boulanger à Antibes… J'aurais évidemment aimé que ma route ne s'arrête pas là, tant il y a d'artisans boulangers qui œuvrent, de bon matin, dans les villes et villages de France, à l'exemple de ce poète aux accents de Provence ! Une chose est sûre : la prochaine fois que je passerai devant une enseigne « Artisan boulanger », je m'attarderai. Sans doute, ne pourrai-je résister à l'envie de couper, sous leurs yeux, ma baguette de tradition française, qui révélera d'emblée sa mie parfaitement alvéolée et son goût délicieux de noisette !

***Boulengier, brulo pano, gasto farino, criquet*… c'est ainsi qu'était appelé le boulanger au XVIIe siècle ; « boulenc » désignait alors une boule de pain.**

L'histoire de la boulange nous en chante les louanges depuis l'apparition du premier grain de blé, cultivé vers 10000 avant J.-C. (en Mésopotamie, à la frontière actuelle de l'Iran et de l'Irak) jusqu'à nos jours. Offrande aux dieux, monnaie d'échange, enjeu politique… le pain, nourriture sacrée, fut à la fois symbole d'opulence, de misère, de servitude et de liberté ! Comme Albert Camus l'a écrit : « Si quelqu'un vous retire votre pain, il supprime en même temps votre liberté. » Témoin de tous les événements qui jalonnent l'histoire, le pain est pétri d'art et de mystère. Et c'est un petit mitron qui m'en livre la recette : « Pour comprendre les dessous du pain, prenez un bol, mettez sa pâte au milieu, saupoudrez-la d'une pincée de curiosités, ajoutez une poignée de rencontres glanées aux quatre vents, donnez un tour franc du moulin, creusez un puits de farine aussi légère qu'un nuage, versez trois larmes de patience… enfin, enivrez-vous de sa musique jusqu'à le faire renaître en habits de lumière… et vous saurez alors combien la main du boulanger caresse de secrets ! » Sans trop chercher à tirer la bonne ficelle de la recette, je me rends compte que l'artisan boulanger – qu'il soit ou non compagnon du devoir – fait son pain comme il lui chante, façonnant à sa guise une matière première que céréaliers, meuniers et minotiers travaillent avec respect. Il reste 412 moulins aujourd'hui en France. Le moulin du Gué de la famille Fouché en est un bon exemple.

On imagineroit pas que pour faire de bon pain, il faille tant d'art et de combinaisons qu'il n'en faut réellement ! Malouin, 1767.

En compagnie de Jacques Bazin, Laurent Connan, Didier Bonneau (Sarlat), Jean-Yves Gautier (MOF, Nantes), François Pozzoli (MOF, Lyon), Alexandre et Magaly Figard (Besançon) et Pierre Zimmermann, j'ai pris conscience de l'ignorance du consommateur quant au métier de boulanger. « La transmission du pain se perpétue, c'est une nécessité… Après nous, il y aura nous et encore nous ! » fait remarquer Jean-Pierre Cohier, « l'homme du dernier numéro du Faubourg », doyen et membre du jury du concours de la Meilleure Baguette de Tradition de Paris*. « Et vous mettriez quoi, là-dessus ? » dis-je, en tendant à Robert Gonnet, « le boulanger de Monge » une tartine moelleuse au levain ? « Madame, avec cette qualité-là : une sardine et un bon morceau de beurre ! »

Antoine et Aurélie Veziano, boulangerie Veziano, à Antibes, dans les années 50.

Il est 7 heures, le fournil bâille, la boutique s'éveille...

Bernard Ganachaud, Éric Kaiser, Jean-Luc Poujauran, Michel Moisan, Basile Kamir, Luc Mano, Dominique Saibron sont, pourrait-on dire, les « stars du pain ». Mais il en est d'autres, je parle de ces 32 000 artisans boulangers qui, dans l'ombre de leur fournil, manient avec dextérité façonneuses, diviseuses, fours, pétrins. « Depuis vingt ans, grâce à ces volontaires, la profession a non seulement progressé mais elle est parvenue à traverser brillamment toutes les crises ! » dit Jacques Mabille, ancien boulanger, président de la Chambre professionnelle des boulangers-pâtissiers de Paris, Hauts-de-Seine, Seine-Saint-Denis et Val-de-Marne.
Et ce n'est pas non plus Jean-Pierre Crouzet, lui aussi ancien boulanger et président de la Confédération nationale de la boulangerie et de la boulangerie-pâtisserie française, qui le contredira. « Dans ma génération, on ne dort plus avec un bout de levain sous le matelas... Heureusement, la technologie nous aide ! » ajoute Pierre Thilloux, 29 ans, lauréat du grand prix de la Meilleure Baguette de tradition française de Paris* et fier propriétaire de six boulangeries. « Pour gagner notre noble pain, traitons-le dans les règles de l'art ! » clament Anis Bouabsa et Frédéric Lalos, Meilleurs Ouvriers de France.
Avec *Bons Pains, petits festins !* je souhaite vous convaincre de l'utilité et du plaisir de manger du pain fabriqué avec passion par nos artisans boulangers. Alors, régalez-vous avec les recettes que j'ai créées pour vous, toutes plus gourmandes les unes que les autres et respectueuses de votre bien-être !

* Le concours de la Meilleure Baguette de Tradition de Paris a été créé il y a seize ans, par la CPABP et la Mairie de Paris pour revaloriser la baguette. Chaque année, au printemps, à une date fixée, les candidats boulangers déposent leurs baguettes anonymes à la Chambre professionnelle des artisans boulangers pâtissiers. Le gagnant livrera son pain pendant un an, au Palais de l'Élysée.

FICELLE
AUX GRAINES
170 g

Les *Salées*

Croûtons

thon-saumon*, rondelles de baguettes de tradition française et parisienne

Préparation : 15 min
+ 3 h au réfrigérateur
pour la terrine
Matériel : terrine,
mixeur, pinceau, fouet,
papier absorbant,
papier d'aluminium

Ingrédients :

1 ½ baguette parisienne
1 ½ baguette de Tradition
300 g de thon frais,
sans arêtes
1 tranche
de saumon fumé
100 g de lardons fumés
2 échalotes
125 g de beurre ramolli
30 cl de crème fleurette
Le jus de 1 citron
1 cuillerée à café
de Tabasco®
1 cuillerée à soupe
d'huile d'olive
1 pincée de sel

Pour 2 personnes

- Préchauffez le four à 200 °C (th. 6-7).
- Coupez les baguettes de pain en rondelles épaisses. Faites-les griller au four, sur une plaque, pendant 10 minutes. Laissez-les refroidir sur une grille puis badigeonnez-les d'huile d'olive.
- Épluchez les échalotes et coupez-les en rondelles. Faites-les suer à la poêle, à sec. Réservez-les sur une assiette.
- Dans la même poêle, faites griller les lardons fumés 5 minutes. Égouttez-les sur un papier absorbant.
- Coupez le thon en morceaux. Mettez-les dans le bol du mixeur avec les lardons fumés, la crème fleurette, le jus de citron, le sel et le Tabasco®. Donnez plusieurs tours de mixeur jusqu'à l'obtention d'une mousse onctueuse.
- Ajoutez le beurre coupé en petits morceaux dans la mousse de thon et mélangez au fouet. Incorporez les échalotes fondues.
- Coupez la tranche de saumon en petites lamelles.
- Remplissez la terrine de mousse de thon jusqu'à la moitié. Disposez les lamelles de saumon puis recouvrez jusqu'à 1 cm du bord avec le reste de mousse. Posez un morceau de papier d'aluminium avec un poids par-dessus pour bien tasser la mousse. Réservez la terrine au frais pendant au moins 3 heures.
- Au moment de servir : tartinez les rondelles de baguette de mousse au thon et au saumon. Servez avec une salade verte.

À boire

Rosé, domaine de Vénus,
Côtes-du-Roussillon,
2008.

Le saumon peut être remplacé par d'autres poissons fumés : anguille, truite...
Vous pouvez ajouter dans la mousse des lamelles de tomates confites et un zeste de citron.
N'hésitez pas à préparer cette terrine la veille.

* Recette élaborée sur les conseils du chef Cédric Tessier.

Cadeaux surprises

Mie de pain au son, mie de pain aux céréales, boulettes au gruyère

Préparation : 1 h (la veille pour la macération des foies de volaille) + 3 h minimum au frais
Cuisson : 10 min pour les foies de volaille, 2 min pour les boulettes au gruyère
Matériel : mixeur, papier absorbant

Ingrédients :

1 pain de mie blanc rectangulaire

Pour les canapés à la mousse de saumon :

3 tranches de saumon fumé
20 carrés de pain au son sans la croûte (taillés aux dimensions de la coque du pain de mie)
10 fines lanières de zeste de citron jaune ou vert
1 cuillerée à soupe de fromage blanc
1 cuillerée à café de poudre de gelée au madère
1 cuillerée à soupe de vin blanc
1 cuillerée à café de moutarde forte
2 brins de persil
4 gouttes de vinaigre de vin
1 pincée de poivre et de sel

À boire

Ensedune, rosé, cabernet franc, coteaux d'Enserune, Foncalieu.

Pour 6 personnes

• Coupez un chapeau sur toute la longueur du pain de mie. Évidez-le totalement de sa mie en veillant à ne pas percer le fond.

Pour les canapés à la mousse de saumon

• Mettez la poudre de gelée dans une casserole. Délayez avec le vin blanc et 2 cuillerées à soupe d'eau. Faites chauffer. Dès la première ébullition, retirez la casserole du feu et laissez refroidir. Versez le mélange dans le bol d'un robot. Ajoutez le saumon, le fromage blanc, la moutarde, le sel, le poivre, le persil et le vinaigre de vin. Mixez finement.

• Réservez la mousse de saumon dans un bol placé au réfrigérateur pendant 3 heures.

Pour les canapés à la mousse de foies de volaille

• Saisissez les foies de volaille dans une poêle en ajoutant l'alcool de macération et les aromates. Baissez-le feu, puis faites cuire 10 minutes.

• Quand le mélange est sec, mixez les foies de volaille avec le beurre ramolli. Salez et poivrez.

• Réservez la mousse de foies de volaille dans un bol placé au réfrigérateur pendant 3 heures.

Pour les boulettes au gruyère

• Émiettez finement la mie de pain sèche (comme pour faire de la chapelure).

• Faites chauffer l'huile dans la friteuse.

• Dans un saladier, montez les blancs d'œufs en neige ferme. Incorporez le gruyère râpé. Dans la paume de la main, formez des boulettes puis roulez-les dans la mie de pain.
• Plongez les boulettes dans l'huile chaude (non fumante) et laissez-les dorer 2 minutes. Sortez-les à l'aide d'une écumoire et égouttez-les sur du papier absorbant.

• Assemblez le pain surprise : tartinez généreusement de mousse de saumon 10 carrés de pain au son. Coiffez-les d'1 fine lanière de zeste de citron. Refermez-les avec un second carré de pain au son. Rangez les carrés en les serrant les uns contre les autres dans le fond de la coque de pain de mie.
• Tartinez pareillement la mousse de foies de volaille sur les carrés de pain aux céréales. Rangez-les dans la coque de pain de mie par-dessus les carrés à la mousse de saumon.
• Recouvrez de boulettes chaudes au gruyère. Refermez le couvercle du pain surprise.

Pour les canapés à la mousse de foies de volaille :
20 carrés de pain aux céréales sans la croûte (taillés comme précédemment)
200 g de foies de volaille macérés la veille dans 1 cuillerée à soupe de porto et 1 cuillerée à soupe de cognac
1 brindille de thym
1 feuille de laurier
70 g de beurre ramolli
Sel et poivre du moulin

Pour les boulettes au gruyère :
230 g de gruyère râpé
4 blancs d'œufs
2 cuillerées à soupe de mie de pain de la veille
1 litre d'huile d'arachide pour friture

Croque-boy
au jambon Jabugo
ou croque-monsieur revisité, pain aux céréales

Préparation : 5 min
Cuisson : 6 min
Matériel : plat creux, fouet, papier absorbant, pinceau

Ingrédients :

2 tranches de pain de mie aux céréales
1 œuf
40 g de gruyère râpé
1 tranche de jambon Jabugo (jambon espagnol)
20 g de beurre
2 cuillerées à café de lait
1 cuillerée à soupe d'huile
1 pincée de farine
Sel et poivre du moulin

À boire

Rose de Grézette, rosé, Malbec, domaine La Grézette.

Pour 1 personne

- Enlevez la croûte des tranches de pain (ce n'est pas une obligation). Tartinez de beurre une des deux faces. Disposez la moitié du gruyère râpé et la tranche de jambon sur la première face (le jambon ne doit pas dépasser du pain). Recouvrez du gruyère râpé restant. Refermez le croque-boy avec la seconde face beurrée. Déposez-le dans un plat creux.
- Dans une tasse, mélangez 1 cuillerée à café de lait avec la farine. Collez les bords du croque-boy avec ce mélange.
- Fouettez l'œuf avec l'autre cuillerée à café de lait. Salez et poivrez.
- Badigeonnez le dessus du croque-boy avec la moitié de l'œuf battu. Laissez le pain bien absorber pendant 3 minutes environ, puis retournez le croque-boy et imbibez-le à nouveau du reste d'œuf battu.
- Faites chauffer l'huile dans une poêle puis faites dorer le croque-boy sur chaque face, en le retournant plusieurs fois (il doit être croustillant à l'extérieur et moelleux à l'intérieur).
- Égouttez sur un papier absorbant et servez aussitôt.

Le croque-boy peut être réalisé avec d'autres sortes de jambon. Le gras du jambon Jabugo est un délice mais pas forcément diététique !

GIRL
BOY

Club-sandwich

suisse, pain de seigle

Préparation : 10 min
Matériel : piques en bois

Ingrédients :

1 pain de seigle
60 g de jambon blanc
1 pincée de paprika
2 œufs durs hachés
1 petit bouquet de ciboulette
40 cl de crème fraîche épaisse
1 cuillerée à café de moutarde de Meaux
Sel bleu de Perse et poivre du moulin

À boire

« L'impatiens », rouge, domaine Bérénas.

Pour 2 personnes

- Coupez le pain dans sa longueur puis taillez chaque moitié en quatre.
- Hachez finement le jambon. Lavez et ciselez la ciboulette.
- Fouettez la crème fraîche jusqu'à ce qu'elle soit ferme. Incorporez le jambon haché. Ajoutez la moutarde, le paprika, les œufs durs hachés et la ciboulette. Salez et poivrez.
- Tartinez 4 morceaux de pain avec la crème au jambon et aux herbes.
- Assemblez chaque club-sandwich sur plusieurs étages. Maintenez-le en son milieu par 1 pique en bois.

Pains bagnat

tomates confites

Préparation : 10 min + 30 min au réfrigérateur
Matériel : film alimentaire, pilon et mortier, pinceau (ou spray)

Ingrédients :

2 pains bagnat
8 anchois
8 olives noires dénoyautées
2 tomates confites
1 oignon
1 gousse d'ail
2 cuillerées à café d'huile d'olive
Feuilles de salade

À boire

Pic Saint-Loup de Xavier Vignon, vin rouge du Languedoc, 2005.

Pour 2 personnes

- Épluchez et pilez l'ail. Coupez les tomates confites en lanières. Pelez et émincez l'oignon en rondelles.
- Ouvrez les pains bagnat dans le sens vertical. Frottez l'intérieur avec l'ail pilé. Badigeonnez d'huile d'olive. Répartissez la salade, les lanières de tomates confites, les rondelles d'oignon, les olives noires et les anchois. Enveloppez-les de film alimentaire et réservez 30 minutes au réfrigérateur.

Anis Bouabsa

L'amoureux du travail bien fait

Il est 17 heures, porte de la Chapelle. Anis Bouabsa, maître artisan boulanger, donne à sa pâte trois petits plis et une soudure. Meilleur Ouvrier de France depuis 2004, Anis, 29 ans, fils de Tunisiens, se voit boulanger dès l'instant où, sur les conseils d'un copain, il fait un stage en entreprise pour apprendre un métier. « Le patron me donnait des piles de fraises à équeuter et, tout en les équeutant, j'observais le commis boulanger ! » Le jeune garçon sait donc ce qu'il veut faire... mais pas n'importe comment. « Quand j'ai dit ça à mon père, il n'a rien compris ! (Anis prend alors l'accent tunisien.) "Mais, dit le père, y'a pas d'boulanger dans la famille !" Dans mes rêves, je me voyais même arborer le fameux col bleu, blanc, rouge et donner des conférences dans les salons ! » Le rêve devient réalité quand Anis Bouabsa finit sa formation intensive à Biscarosse, dans les Landes, pour être

Meilleur Ouvrier de France. « Je vivais MOF, je pensais MOF, je mangeais MOF et je dormais MOF ! » dit-il. Depuis, le boulanger façonne 1 200 baguettes parisiennes et de Tradition à la main avec la même dose d'amour, chaque jour. « Mes douze sortes de pains spéciaux ont toutes un truc différent : orge, seigle... » Dans son quartier, à l'abri des gratte-ciel bétonnés, ses créations s'achètent quelles que soient leurs formes. « J'aime que tout se vende au magasin, je ne livre pas les grands restaurants, il m'arrive cependant de le faire pour les Studios de cinéma de Saint-Denis, car ils sont à deux pas ! » En contant son formidable parcours, le boulanger saisit, aplatit, tapote, roule, tapote encore, sans « matraquer » la pâte. Il la referme d'un geste, l'allonge et la dispose sur la toile. « Couche » ou « toile » est saupoudrée de « rémoulage », terme désignant l'enveloppe de blé qui évitera aux baguettes de coller. « J'aime la réaction de la pâte après la mise en chambre, la veille, à 5 °C. J'utilise peu de levure pour que le pain se conserve correctement et, fermentation oblige, elle est longue ! » Anis Bouabsa joue comme un gamin qui fait de la pâte à modeler ou, selon sa propre expression, qui est « sur un terrain de jeu » ! Ses farines viennent des moulins Bourgeois, près de Paris, et sont de type 65, 80 ou 150, selon qu'il travaille, ou non, le bio. « Mon métier, je l'aime avec ses qualités et ses défauts ! » À ses côtés, dans cette boulangerie ou dans l'autre de Pantin, œuvrent deux boulangers, deux apprentis et un pâtissier compagnon, Philippe Duluc.

Foie de morue

fumé sur canapés, pain aux céréales, fougasse olive

Préparation : 10 min
Matériel : cuillère parisienne, 16 piques en bambou, pinceau (ou spray)

Ingrédients :

1 pain aux céréales
1 fougasse aux olives
2 boîtes de foie de morue fumé
2 cuillerées à soupe de tarama blanc
1/2 pastèque (ou des billes surgelées)
1 filet de jus de citron vert
2 cuillerées à café d'huile d'olive
1 cuillerée à café de coriandre ciselée + quelques brins pour la décoration
1 pincée de sel au citron
3 gouttes de Tabasco® (ou poivre)

À boire

Chablis blanc, domaine Daniel Étienne Defaix.

Pour 2 personnes

• Taillez 16 canapés (sans la croûte) dans le pain aux céréales.
• Préparez l'assaisonnement : dans une tasse, mélangez 1 cuillerée à café d'huile d'olive et le jus de citron vert. Ajoutez la coriandre ciselée et le Tabasco® (ou 1 pincée de poivre).
• Égouttez le foie de morue.
• À l'aide de la cuillère parisienne, prélevez délicatement dans la pastèque 16 petites billes bien rondes.
• Toastez les canapés au grille-pain. Aspergez-les très légèrement de vinaigrette. Tartinez-les de tarama puis disposez au milieu un petit morceau de foie de morue. Piquez celui-ci avec 1 bâtonnet en bambou en traversant 1 bille de pastèque. Décorez d'1 brin de coriandre.
• Coupez la fougasse aux olives en morceaux. Faites-les dorer rapidement au grille-pain. Badigeonnez-les avec le reste d'huile d'olive.

*Les billes de pastèque peuvent être remplacées par des billes d'ananas.
Enveloppez chaque toast de foie de morue dans 1 petite feuille de laitue, fermée avec 1 tige de ciboulette.*

Tranche
de pain au levain, jambon de Parme, figues et noisettes

Préparation : 5 min
Matériel : piques en bois

Ingrédients :
2 tranches de pain au levain
2 tranches de jambon de Parme artisanal
2 figues violettes fraîches
1 cuillerée à soupe de noisettes au naturel, grillées
1 poignée de roquette
1 cuillerée à café d'huile de sésame
4 gouttes de vinaigre de cidre
1 pincée de cristaux de sel rose de l'Himalaya
1 pincée de poivre

Pour 2 personnes

• Dans une poêle, faites griller les noisettes à sec. Concassez-les grossièrement.
• Passez les figues sous l'eau et essuyez-les. Coupez-les en deux.
• Préparez la vinaigrette en mélangeant l'huile de sésame, le vinaigre de cidre, le sel rose et le poivre.
• Coupez les tranches de jambon en deux dans le sens de la largeur. Enveloppez chaque moitié de figue dans ½ tranche de jambon. Refermez avec 1 pique en bois.
• Répartissez la roquette sur les tranches de pain au levain. Parsemez de noisettes concassées. Arrosez le tout de vinaigrette au sésame. Déposez 2 mini-brochettes sur chaque tartine et dégustez.

Le pain au bon goût de levain doit être fraîchement tranché. Ne salez pas trop, car le jambon de Parme l'est déjà.

À boire

Un très bon cidre normand.

* Recette proposée sur les conseils de Jacques Mabille, président de la Chambre professionnelle des artisans boulangers-pâtissiers, Paris, Hauts-de-Seine, Seine-Saint-Denis et Val-de-Marne.

Fromage
de chèvre, anchois, pesto, petits pains aux céréales

Préparation : 2 min

Ingrédients :
2 petits pains
aux céréales
8 anchois
2 petits fromages
de chèvre moelleux
3 tomates cerises jaunes
et 3 rouges
3 olives noires et
3 vertes, dénoyautées
1 cuillerée à soupe d'huile d'olive
1 cuillerée à café
de pesto
4 brindilles
de romarin
1 pincée de thym
en poudre
Poivre du moulin

Pour 2 personnes

• Dessalez les anchois dans une tasse d'eau froide (s'ils sont trop salés). Essuyez-les et coupez-les en deux.
• Coupez les tomates cerises en deux.
• Taillez le fromage de chèvre en petits dés.
• Dans un récipient, mélangez à la fourchette le fromage de chèvre avec le pesto et l'huile d'olive. Incorporez les tomates cerises, 4 anchois, les olives, le thym et un peu de poivre.
• Ouvrez les petits pains en deux et retirez un peu de mie. Garnissez l'intérieur de préparation au fromage. Décorez le dessus avec 1 anchois et 1 brindille de romarin.

Vous pouvez remplacer les tomates cerises par des lamelles de tomates confites. Vous pouvez aussi faire fondre légèrement la préparation au fromage, 1 minute au micro-ondes.

À boire

Bordeaux rouge,
Côtes de Blaye,
Château Montfollet, 2006.

Hot-cat
and hot-dog !
flûtes croustillantes

Préparation : 10 min
Cuisson : 2 min

Ingrédients :

Pour le hot-cat :
1 flûte croustillante
1 tranche de jambon de pays
2 fines tranches de gruyère
20 g de beurre ramolli
1 tomate
Quelques feuilles de salade verte
2 gros cornichons

Pour le hot-dog :
1 flûte croustillante
2 saucisses de Strasbourg
1 cuillerée à soupe de moutarde forte (ou de ketchup)
20 g de gruyère râpé

À boire

Le Versant Marselan, rosé de pays d'Oc, Foncalieu, 2008.

Pour 2 personnes

• Préparez le hot-cat : coupez la flûte en deux dans la longueur. Lavez, épépinez et coupez la tomate en rondelles. Tartinez les deux faces de la flûte avec le beurre ramolli. Sur une face, disposez les feuilles de salade, les tranches de gruyère et les rondelles de tomates. Ajoutez la tranche de jambon de pays (sans le gras) et des lamelles de cornichons. Refermez le hot-cat avec l'autre moitié de flûte beurrée.

• Préparez le hot-dog : coupez la seconde flûte dans la longueur. Plongez les saucisses 2 minutes dans 50 cl d'eau bouillante. Égouttez-les. Badigeonnez les deux faces de la flûte avec la moutarde (ou le ketchup). Sur une face, disposez les saucisses chaudes. Parsemez de gruyère râpé. Passez la demi-flûte sous le gril du four pendant 5 minutes (le fromage doit être fondu). Refermez le hot-dog avec l'autre moitié de flûte.

Des baguettes peuvent remplacer les flûtes.
Coupez le hot-cat et le hot-dog en petits tronçons.
Piquez-les sur de longues tiges en bambou en alternant les morceaux.

Apéro-russe
pain au son

Préparation : 10 min
Cuisson : 8 min
Matériel : 4 piques en bois

Ingrédients :
4 tranches moelleuses de pain au son
4 tranches de saumon fumé
20 g de beurre
4 cuillerées à café d'œufs de saumon
1 cuillerée à soupe de mayonnaise au citron
2 œufs
4 rondelles de citron
1 petite poignée de roquette
4 brins d'aneth + un peu pour la décoration
Le jus de 1 citron
2 gouttes de Tabasco®

Pour 4 personnes

- Faites durcir les œufs. Passez-les sous l'eau froide et écalez-les. Hachez-les.
- Rincez l'aneth et ciselez-le.
- Mélangez le hachis d'œufs avec 3 cuillerées à café d'œufs de saumon. Incorporez la mayonnaise au citron et l'aneth ciselé. Versez le jus de citron et le Tabasco®. Mélangez le tout.
- Beurrez délicatement les tranches de pain.
- Formez des cornets avec les tranches de saumon. À l'aide d'une petite cuillère, garnissez-les de préparation à l'œuf de saumon.
- Lavez la roquette et disposez quelques feuilles sur chaque tranche de pain. Ajoutez 1 cornet de saumon garni et fermez avec 1 pique en bambou.
- Décorez le dessus d'1 fine rondelle de citron incisée, de quelques œufs de saumon et d'1 brin d'aneth.

À boire

Bergerac,
Château de la Mallevieille,
Montravel sec, 2006.

Servez l'apéro-russe bien frais. Vous pouvez ajouter 2 cuillerées à café de fromage blanc et des dés de concombre à la préparation. Les œufs de lump (plus économiques) peuvent remplacer ceux de saumon.

Frédéric Lalos

Le magicien des farines

Né en 1970, Normand de souche, Meilleur Ouvrier de France et propriétaire de 4 boulangeries, Frédéric Lalos, maître artisan boulanger, n'entend que par le beau et le bon. Après un double CAP de pâtisserie et de boulangerie, sorti major de sa promotion, il fait des études et gagne son brevet et sa maîtrise, avant de sévir, pendant quatre ans, comme ouvrier chez Lenôtre. Succès faisant, le passionné se pose un temps à Matignon pendant son service militaire. Il devient ensuite technicien au Centre de recherche des Grands Moulins de Paris. De retour chez Lenôtre, l'ambassadeur de la boulange voyage au Japon. « J'aime voir le pain des autres », dit le jeune lauréat, MOF 1997. L'association avec Pierre-Marie Gagneux, « metteur en scène du pain », lui vaut, dès 1999, l'ouverture d'une première boutique parisienne. « Nous souhaitons tirer le pain artisanal vers le haut. Ma production signe le fruit d'un long travail manuel. » Parce qu'il estime que « l'on ne consomme pas assez de pain en France », il imagine d'appétissantes créations dans un décor chaleureux. « Je travaille une large palette de saveurs. Le goût unique n'existe pas, parlons plutôt des goûts

multiples, car c'est sur des terres très différentes que pousse le blé. » Pour lui, le bon pain a besoin de bonne farine, donc de bon blé. L'expert farines maîtrise toutes les farines, qu'elles soient noires ou blanches. Au Quartier du Pain, tous les mois, 30 tonnes de farine au froment Label Rouge arrivent des terroirs de Limagne ou de Margeride. « Ici ou dans nos autres boulangeries, on aime les pains aromatiques aux noix, noisettes, au chorizo, à l'emmental, aux lardons, olives, abricots salés ou sucrés, que je travaille sur une pâte fermentée en leur apportant une pointe d'acidité rustique. » La baguette « Lalos » est très goûteuse. Quant au « Longuet », au levain de sarrasin et froment séché, sa « croûte fine et croustillante cache une mie brune très alvéolée ». Le pain « haute couture boulangère » fabriqué par « des mains faites pour ça » – les siennes – file chez les grands chefs : Yannick Alléno, Jean-François Rouquette, Guy Savoy...

Os à moelle

Quignons baguette de Tradition

Préparation : 5 min
Cuisson : 15 min
Matériel : 2 ronds de serviette anciens (ou 2 jolis coquetiers)

Ingrédients :

2 os à moelle bien remplis
2 quignons de baguette de Tradition (les deux extrémités)
2 pincées de fleur de sel
Poivre du moulin

À boire

Bordeaux rouge, Saga 2006, domaine Barons de Rothschild, collection (Lafite).

Pour 2 personnes

• Déposez les os à moelle dans une casserole d'eau froide. Faites-les cuire à feu doux jusqu'à ce que la moelle prenne une couleur grise, en écumant de temps à autre (piquez pour vérifier la cuisson). Égouttez les os.

• Sur chaque rond de serviette (ou coquetier), disposez 1 quignon de baguette. Retirez un peu de mie.

• À l'aide d'une lame de couteau, sortez délicatement la moelle des os et mettez-la dans les quignons de baguette évidés. Saupoudrez de fleur de sel et poivrez. Servez très chaud.

Les tartines de moelle accompagnent à merveille la côte de bœuf ou le pot-au-feu. Les os à moelle se congèlent.

Pan con Tomato

torrides rondelles de baguette parisienne

Pour 4 à 6 personnes
Préparation : 5 min
Matériel : pinceau (ou spray)

Ingrédients :

2 baguettes parisiennes croustillantes
2 tomates
2 gousses d'ail
2 cuillerées à soupe d'huile d'olive vierge extra
1 pincée de fleur de sel
Poivre noir du moulin

À boire

Julien de Savignac, AOC bergerac rouge, 2006.

Pour 4 à 6 personnes

- Préchauffez le four à 140 °C (th. 4-5).
- Coupez les baguettes en rondelles. Faites-les sécher au four, sur la plaque, pendant 10 minutes.
- Pelez les gousses d'ail et coupez-les en deux. Frottez les deux faces des rondelles avec le côté coupé de la gousse. Badigeonnez-les d'huile d'olive.
- Lavez les tomates. Coupez-les en deux et épépinez-les. Frottez la chair sur les rondelles de baguettes. Saupoudrez de fleur de sel et poivrez.

Le pan con tomato est une recette classique en Espagne. Servez ces rondelles de pain à l'heure de l'apéro, garnies de dés de tomates ou d'olives. Pour un apéritif en toute légèreté, accompagnez cette recette de bâtonnets de légumes crus, à déguster avec des sauces à base de fromage blanc et de coulis de tomates.

Paninis
bacon, olives noires et mozzarella

Préparation : 10 min
Cuisson : 10 min
Matériel :
papier absorbant,
papier d'aluminium

Ingrédients :

2 paninis
100 g de mozzarella fraîche
100 g de lardons fumés
2 tomates rouges
Quelques olives noires dénoyautées
Quelques feuilles de basilic
1 filet d'huile d'olive
1 pincée de sel
Poivre noir (de Chypre)

À boire

Saga bordeaux rouge, domaine Baron de Rothschild (Lafite).

Pour 2 personnes

- Rincez les feuilles de basilic et essuyez-les délicatement.
- Faites blanchir les tomates dans une casserole d'eau bouillante salée pendant 2 minutes. Sortez-les à l'aide d'une écumoire et pelez-les. Laissez-les refroidir complètement puis épépinez-les et coupez-les en morceaux.
- Faites griller les lardons dans une poêle sans matière grasse. Égouttez-les sur un papier absorbant.
- Découpez la mozzarella en lamelles.
- Allumez le gril du four.
- Fendez les paninis en deux horizontalement. Faites-les dorer sous le gril de chaque côté en surveillant bien la cuisson.
- Sur une moitié de panini, répartissez les morceaux de tomates, les lamelles de mozzarella, les lardons grillés, les feuilles de basilic et les olives. Assaisonnez légèrement de sel et d'1 tour de poivre. Versez un filet d'huile d'olive.
- Refermez les paninis. Enveloppez-les d'une feuille de papier d'aluminium et aplatissez-les. Remettez-les sous le gril 5 minutes (la mozzarella doit être entièrement fondue).
- Servez les paninis bien chauds dans leur enveloppe d'aluminium à laquelle vous pouvez donner une forme amusante.

Des tomates séchées peuvent remplacer les tomates fraîches. Vous pouvez utiliser des petits pains nature à la place des paninis.

Sardines
à l'huile, citron confit, feta, petits pains ronds au froment

Préparation : 15 min
Matériel : cuillère parisienne

Ingrédients :

4 petits pains ronds au froment
8 sardines à l'huile d'olive
1 tranche de water melon (melon d'eau)
30 g de feta
1 citron confit
Le jus de 1 citron
4 branches de thym
4 brindilles de romarin
1 cuillerée à café d'huile d'olive
Poivre du moulin

À boire

Chardonnay Zéphyr, domaine Abbotts, 2007.

Pour 4 personnes

- Égouttez soigneusement les sardines.
- Ouvrez les petits pains en leur taillant un chapeau assez haut. Enlevez éventuellement un peu de mie.
- Coupez le citron confit et la feta en petits dés.
- Prélevez des billes de melon à l'aide d'une cuillère parisienne (ou coupez la chair en dés).
- Dans un bol, mélangez l'huile d'olive avec le citron confit, la feta et le melon.
- Garnissez délicatement l'intérieur des petits pains avec 2 sardines, queues en l'air. Saupoudrez-les de thym émietté. Arrosez de jus de citron et poivrez. Ajoutez une petite quantité de mélange à base de melon. Placez le chapeau et décorez d'1 brindille de romarin.

Des fougasses peuvent remplacer les petits pains au froment. Vous pouvez utiliser des litchis à la place du melon.

Œufs brouillés
à la tomate et à l'aneth, toasts au pain « brié »

Préparation : 5 min
Cuisson : 5 min
Matériel : fouet

Ingrédients :

8 toasts de pain « brié »
4 tomates
4 œufs
2 oignons
1 piment rouge
1 cuillerée à soupe d'huile d'olive
1 petit bouquet d'aneth
1 cuillerée à café de pastis
Sel et poivre du moulin

À boire

Pic Saint-Loup, Languedoc, domaine Zumbaum-Tomasi, 2007.

Pour 4 personnes

• Lavez et épépinez les tomates. Coupez-les en rondelles. Pelez et coupez les oignons en dés. Lavez et ciselez l'aneth finement.

• Faites chauffer l'huile d'olive dans une poêle puis faites fondre les oignons. Ajoutez les rondelles de tomates et le piment coupé en fines lamelles (gardez-en quelques-unes pour la décoration). Laissez dorer le mélange à feu doux 3 minutes.

• Fouettez les œufs dans un bol pendant 1 minute. Ajoutez le pastis et l'aneth ciselé (gardez-en un peu pour la décoration). Versez cette mousse d'œufs dans la fondue aux oignons et tomates. Redonnez un petit coup de fouet dans la poêle et laissez cuire 2 minutes. Salez et poivrez.

• Au moment de servir : répartissez les œufs brouillés sur les toasts. Parsemez de lamelles de piment et d'aneth (attention, le piment est très fort !).

Vous pouvez tartiner les toasts de beurre salé avant de les garnir d'œufs brouillés.
Le pain « brié » est une spécialité normande. Il s'agit d'un pain riche en beurre, avec une mie très serrée.

Mouillettes

au pain de seigle, son et levain, œuf fermier à la coque

Préparation : 1 min
Cuisson : 3 min
Matériel : 2 coquetiers, toc'œuf ou lame de couteau

Ingrédients :

1 tranche de pain de seigle
1 tranche de pain au son
1 tranche de pain au levain
2 œufs fermiers très frais
1 tranche de jambon blanc
1 tranche de saumon fumé
20 g de beurre
1 cuillerée à café d'œufs de lump
1 pincée de fleur de sel et de poivre (facultatif)

Pour 2 personnes

• Retirez la croûte des tranches de pain. Beurrez-les. Étalez le jambon blanc sur la tranche de seigle. Étalez le saumon fumé sur la tranche de pain au son et recouvrez d'œufs de lump. La tranche au levain se sert seulement avec du beurre. Taillez les tranches de pain en bâtonnets assez minces pour entrer dans les coquilles d'œufs.

• Faites chauffer 50 cl d'eau dans une casserole. À la première ébullition, plongez les œufs et comptez 3 minutes. Retirez-les délicatement et déposez-les dans les coquetiers.

• À l'aide d'un toc'œuf ou d'une lame de couteau, découpez 1 chapeau assez haut. Salez et poivrez l'intérieur (facultatif).

• Servez les œufs à la coque accompagnés de leurs mouillettes.

Préparez une brouillade d'œufs aux petits dés de saumon fumé et servez-la dans des coquilles d'œufs vides non cassées.

Tourin

soupière miche fermière

Préparation : 15 min
Cuisson : 20 min
Matériel : marmite, bols, grille-pain

Pour 4 personnes

Ingrédients :

1 miche de pain fermier (qui puisse tenir en équilibre sur la table)
2 tranches épaisses de pain, au choix
5 gousses d'ail
1 œuf
1 cuillerée à café de farine tamisée
1 cuillerée à soupe de graisse de canard
1 branche de thym
1 cuillerée à café de vinaigre de vin
Sel et poivre du moulin

- Pelez les gousses d'ail. Coupez 1 gousse en deux et frottez les tranches de pain avec le côté coupé de la gousse.
- Taillez un chapeau dans le haut de la miche de pain. Enlevez toute la mie en veillant à ne pas percer la croûte. Frottez l'intérieur de la miche avec la gousse d'ail.
- Préparez le tourin : émincez les 4 autres gousses d'ail en lamelles. Dans une casserole, faites chauffer la graisse de canard puis faites revenir l'ail. Saupoudrez de farine.
- Faites bouillir 1 litre d'eau dans une marmite. Plongez-y les gousses d'ail dorées puis ajoutez le thym. Salez et poivrez. Laissez chauffer 15 minutes à feu vif.
- Séparez le blanc d'œuf du jaune. En fin de cuisson, prélevez un peu de liquide du tourin et incorporez le blanc d'œuf. Versez le mélange dans la marmite et remettez le tout sur le feu en continuant de fouetter énergiquement pendant 5 minutes.
- Dans un bol, fouettez le jaune d'œuf avec le vinaigre de vin. Versez 1 cuillerée à soupe de tourin chaud dans le jaune vinaigré puis incorporez ce mélange à la soupe. Fouettez encore 1 minute, hors du feu.
- Toastez rapidement les tranches de pain aillées au grille-pain. Disposez-les dans le fond de la miche-soupière. Remplissez-la de tourin très chaud et servez aussitôt. Coupez les tranches de pain en deux et ajoutez-les dans les bols.

PORTRAIT DE BOULANGER

Jean-Pierre Cohier

« Dernier numéro du Faubourg »...

... et tout premier au registre des saints patrons boulangers ! Ici, depuis 1986, dans le 8e arrondissement de Paris, on fête le pain au quotidien grâce aux mains habiles de Jean-Pierre Cohier, artisan boulanger, né en Normandie, grand gagnant de la Meilleure Baguette de Tradition de Paris en 2006. Aspect, cuisson, alvéolage, goût, parfum... bien des raisons pour lesquelles on patiente dans la boutique, dès la première heure. Comme le veut la tradition du « premier prix », Jean-Pierre servit le Palais de l'Élysée pendant un an. « Mme Chirac voulait des petits pains longs et calibrés afin qu'ils ne dépassent pas des assiettes ! » La chancelière allemande, Angela Merkel, se serait même exclamée : « Mais d'où vient ce petit pain qui respire tant le blé ? » Fils d'agriculteur, Jean-Pierre Cohier sait, à l'âge où l'on joue encore à la marelle, qu'il sera boulanger. Ce qui se confirme plus tard lorsqu'il fait son apprentissage à Pontorson, dans la Manche. « Tous les matins, on livrait des ficelles

à la Mère Poulard puis du pain blanc et d'autres pains au levain dans les hôtels du Mont-Saint-Michel ! » L'apprenti de 18 ans a maintenant un CAP en poche. Après Saint-Brieuc, Fontenay-aux-Roses, Villejuif et la rue de Lancry où il officie comme petit mitron pendant sept ans, il s'installe à l'adresse actuelle, au Dernier Numéro du Faubourg. « C'est là-bas, près de la salle Pleyel ! » disent les habitants du quartier. Aujourd'hui, Jean-Pierre passe le flambeau à son fils Johnny, tourier (qui allonge les pâtes) spécialiste du croissant, du fond de tarte et du feuilletage. « Avec lui, je sais que perdurera le secret des recettes d'antan, faites à la main, du pesage jusqu'à la vente ! » Avant de pétrir la pâte, Jean-Pierre Cohier pratique l'« autolyse » : un mélange de farine et d'eau qui repose patiemment pendant 1 heure. « Ainsi, j'ai remarqué une meilleure élasticité. » Tout en saupoudrant de farine une lignée de baguettes prêtes à entrer dans le four, l'artisan fait remarquer : « Dans notre métier, le plus dur, c'est maintenant mais c'est aussi demain. Un boulanger doit se renouveler constamment, il doit fidéliser ses clients par des produits tendance qui correspondent aux goûts. Faire des sandwichs ou autres gourmandises à partir de produits respectueux... pourquoi pas ! »

Nids de poule

œufs pochés, asperges vertes, petits pains aux noix

Préparation : 1 min
Cuisson : 3 min pour les œufs pochés, 15 min pour les asperges
Matériel : papier absorbant

Ingrédients :

2 petits pains aux noix
4 pointes d'asperges vertes
2 œufs fermiers très frais
2 noix de beurre
1 cuillerée à soupe de vinaigre blanc (pour la cuisson des œufs)
1 pincée de paprika
1 pincée de sel rose
Poivre du moulin

À boire

Chablis Les Vaillons, domaine Billaud-Simon, 2004.

Pour 2 personnes

• Plongez les pointes d'asperges dans une casserole d'eau bouillante salée et laissez-les cuire 15 minutes (elles doivent être encore fermes). Passez-les rapidement sous l'eau froide et essuyez-les sur un papier absorbant. Réservez.

• Ouvrez les pains aux noix en leur taillant un chapeau assez haut. Enlevez un peu de mie.

• Cassez les œufs en les disposant délicatement, l'un après l'autre, dans un petit ramequin. Plongez-les dans une casserole d'eau bouillante vinaigrée (veillez à ce que les blancs ne se collent pas entre eux). Avec une écumoire ou une grande cuillère, ramenez le blanc de part et d'autre sur le jaune (comme une enveloppe).

• Déposez délicatement les œufs sur un papier absorbant. Avec la lame d'un couteau, retirez l'excédent de blanc de chaque côté (ne percez surtout pas les jaunes).

• Beurrez généreusement l'intérieur des petits pains. Avec une grande cuillère, déposez 1 œuf poché dans chaque pain (l'œuf doit arriver à hauteur du bord des pains ; si ce n'est pas le cas, remettez un peu de mie dans le fond). Croisez les pointes d'asperges sur le dessus des œufs. Saupoudrez de paprika, salez et poivrez.

Vous pouvez tartiner vos petits pains de beurre aux noix (malaxez le beurre avec des noix hachées). Pour changer, utilisez des pains aux raisins ; dans ce cas, faites un beurre aux raisins.

Panade

panade, panade… miche paysanne

Préparation : 10 min
Cuisson : 15 min
Matériel : soupière allant au four, bols ou tasses rustiques

Ingrédients :

2 tranches épaisses de miche paysanne (200 g environ)
40 g de beurre fermier ramolli + un peu pour graisser les bols
10 cl de lait
1 pincée de sel
1 pincée de poivre rouge de Kampot (Cambodge)

Pour 2 personnes

- Préchauffez le four à 180 °C (th. 6).
- Faites sécher les tranches de pain au four, sur la plaque. Disposez-les dans le fond de la soupière.
- Portez à ébullition 75 cl d'eau avec la pincée de sel. Versez sur le pain et mélangez.
- Incorporez 20 g de beurre en morceaux.
- Faites chauffer le lait et versez-le sur la panade.
- Enfournez la soupière et laissez-la réchauffer 5 minutes.
- Beurrez le fond des bols et remplissez-les de panade. Parsemez de noisettes de beurre. Saupoudrez la panade d'1 pincée de poivre rouge. Servez bien chaud.

Vous pouvez, au dernier moment, ajouter dans la soupe 1 jaune d'œuf délayé au préalable avec 1 cuillerée à soupe de liquide chaud. L'eau peut être remplacée par du bouillon de bœuf. Parsemez de fromage râpé et faites gratiner sous le gril. Et, comme certains jeunes chefs, n'hésitez pas à réaliser cette recette avec du pain au roquefort et des morceaux de roquefort.

Soupe
chabrot aux amandes, pain de campagne

Préparation : 10 min
Cuisson : 10 min
Matériel : soupière à four, mortier

Ingrédients :

4 fines tranches de pain de campagne
70 g d'amandes entières
1 cuillerée à soupe de miel liquide
2 pincées de cannelle
30 g de beurre
Sel et poivre du moulin

Pour 4 personnes

• Retirez la croûte du pain.

• Plongez les amandes dans 1 litre d'eau bouillante pendant 2 minutes. Égouttez et pelez-les délicatement. Écrasez-les dans un mortier.

• Préchauffez le four à 200 °C (th. 6-7).

• Dans un récipient, fouettez la poudre d'amandes avec 3 verres d'eau versés progressivement. Incorporez le miel et la moitié de la cannelle. Salez et poivrez. Passez au chinois fin.

• À la poêle, dans 20 g de beurre blond, faites frire les tranches de pain sur chaque face.

• Badigeonnez l'intérieur de la soupière avec le reste de beurre. Disposez les tranches de pain dorées dans le fond. Versez la soupe aux amandes par-dessus. Enfournez et laissez cuire 10 minutes.

• Saupoudrez la soupe avec l'autre pincée de cannelle et servez bien chaud.

« Faire chabrot » est une expression originaire du Sud-Ouest qui signifie verser un peu de vin dans le fond de son assiette quand la soupe est finie. À Saint-Clar, dans le Gers, certains y ajoutent un morceau de pain, histoire de saucer !

Soupe de Rungis gratinée à l'oignon, pain de campagne

Préparation : 25 min
Cuisson : 25 min
Matériel : 4 bols à four, cercle en métal de 8 cm

Pour 4 personnes

Ingrédients :

4 tranches de pain de campagne
3 oignons
75 cl de bouillon de bœuf (provenant d'un pot-au-feu ou reconstitué avec 1 cube de bouillon) ou d'eau
20 g de beurre
1 verre de vin blanc sec
1 verre de porto
150 g de gruyère râpé
1 jaune d'œuf
Sel et poivre du moulin

- À l'aide du cercle, taillez 4 disques de pain de campagne à la dimension des bols. Toastez-les au grille-pain.
- Épluchez et émincez finement les oignons. Faites-les revenir dans le beurre mousseux jusqu'à ce qu'ils soient translucides. Mouillez avec le bouillon de bœuf puis le vin blanc. Poivrez mais salez peu (le bouillon peut l'être déjà). Faites chauffer à feu doux pendant 20 minutes.
- Dans un saladier, fouettez le jaune d'œuf avec le porto 1 minute. Versez 1 cuillerée à soupe de bouillon chaud sur le jaune d'œuf, puis incorporez le reste, sans cesser de fouetter.
- Répartissez la soupe dans les bols. Recouvrez chacun d'1 disque de pain grillé. Saupoudrez de gruyère râpé.
- Faites gratiner les soupes à l'oignon 5 minutes sous le gril du four et servez aussitôt.

La soupe à l'oignon doit être servie très chaude. Vous pouvez ajouter des billes de viande hachée de bœuf cuite qui surprendront et régaleront.

Laurent Connan

Le pain noble

« D'vant l'boucher, d'vant l'boulanger
On grelotte dans la rue
Ni pain, ni viand' pour changer
Mais quelqu'fois, y'a d'la morue ! »

La commune des Batignolles fut, jadis, une modeste bourgade entourée de hameaux paisibles dans le 17e arrondissement de Paris. Entre poissonniers, bouchers, tripiers affairés trônait le boulanger, un maître du savoir, placé à la première marche de la vie sociale et économique. Aujourd'hui, Laurent Connan, maître artisan boulanger de 38 ans, né à Pavillon-sous-Bois et ayant grandi à Sevran chez un papa carreleur, s'investit dans le métier où la boulange se fait reine. Dans les caves de sa boulangerie, entre pétrin, four et diviseuse, chaque jour il prépare presque un millier de baguettes au délicieux goût de noisette ! Les mains de son frère associé, Yohann, y sont elles aussi pour quelque chose. « Les baguettes et pains spéciaux sont de "Tradition" ou "à l'ancienne" et nous les préparons comme au premier jour de l'ouverture de la boutique. Le fait d'avoir gagné un prix au concours de la Meilleure Baguette de Paris ne change rien à notre travail ! » Goût parfait, couleur dorée, texture croustillante et moelleuse, le pain de Laurent Connan met nos papilles en émoi. Pas étonnant alors que ces petits chefs-d'œuvre fassent attendre souvent les taxis arrivant et repartant pour l'aéroport de Roissy, car la clientèle veut faire goûter ce pain – à l'exemple de « la Meule », « la Classique » ou « la Pétrie-royale ». Laurent garde l'œil et la main. « J'ai tout le temps le pouce en l'air, car la température ambiante et la chambre de pousse ont une grande importance ! » Ses farines traditionnelles qui proviennent de la minoterie Goubet répondent aux exigences. Champion de la meilleure baguette de Tradition en 2003, Laurent Connan mérite encore bien d'autres récompenses...

0,10 €

Bouchées
de crabe à l'orange, quignons de baguette Tradition

Préparation : 10 min

Ingrédients :
1 baguette Tradition
100 g de chair de crabe en boîte
1/4 de concombre
1 orange
1 échalote
10 brins de ciboulette
1 cuillerée à soupe de mayonnaise au citron
1 cuillerée à café d'huile d'olive
Le jus de 1 citron
Sel et poivre du moulin

À boire

Petit chablis de La Chablisienne.

Pour 2 personnes

- Coupez les deux extrémités de la baguette sur une longueur de 8 cm. Retirez totalement la mie des quignons (en veillant à ne pas percer la croûte).
- Lavez et ciselez la ciboulette. Épluchez l'échalote et émincez-la finement.
- Lavez le concombre. Coupez 2 fines rondelles. Pelez le reste, épépinez-le et taillez-le en petits dés.
- Épluchez l'orange. Prélevez 3 quartiers. Ôtez la fine membrane, épépinez-les et coupez-les en petits dés.
- Égouttez la chair de crabe (en enlevant éventuellement le cartilage). Mélangez-la avec la mayonnaise, les dés d'orange et de concombre, l'échalote et la ciboulette. Versez l'huile d'olive et le jus de citron. Salez et poivrez.
- À l'aide d'une cuillère, garnissez l'intérieur des quignons de baguette avec la salade de crabe. Piquez 1 lamelle de concombre sur le dessus.
- Pour servir, posez les bouchées de crabe sur un socle de votre choix (rond de serviette, coquetier…).

L'orange peut être remplacée par 1 pamplemousse.

Crabes
farcis façon créole*, mie au pain de seigle

Préparation : 20 min
Cuisson : 25 min
Matériel : mortier, mixeur

Pour 2 à 4 personnes

• Décortiquez les tourteaux et émiettez la chair en retirant soigneusement tous les cartilages. Réservez-la.
• Enlevez la croûte du pain. Émiettez les trois quarts de la mie et faites-la tremper dans le lait. Mixez-la. Faites sécher le reste de la mie au four. Réservez.
• Épluchez et hachez finement l'ail, l'oignon et l'échalote. Hachez également la ciboulette, le thym, le piment et le persil.
• Dans une casserole, faites revenir le mélange haché d'aromates et d'herbes avec les clous de girofle 4 à 5 minutes dans l'huile chaude (l'ail doit rester blond).
• Incorporez la chair des tourteaux. Arrosez-la de jus de citron vert. Salez et poivrez. Enlevez la préparation de la casserole et laissez refroidir.
• Ajoutez à la préparation la mie de pain trempée dans le lait et mixée puis les œufs battus. Remettez le tout dans la casserole et faites cuire 15 minutes en remuant constamment.
• Allumez le gril du four.
• Garnissez les carapaces de tourteaux de farce. Saupoudrez le reste de mie de pain séchée et émiettée. Déposez 1 noisette de beurre par-dessus. Faites-les dorer sous le gril pendant 5 minutes. Servez aussitôt.

Ingrédients :

2 tourteaux moyens cuits (cette recette se fait normalement avec le crabe de terre des Antilles au goût très différent)
100 g de pain de seigle
2 œufs
1 piment rouge, langue d'oiseau
1 petit oignon
1 petit bouquet de ciboulette
1 échalote
2 gousses d'ail
4 noisettes de beurre
4 brins de persil
1 brindille de thym frais
1 piment rouge
2 clous de girofle
Le jus de 1 citron vert
10 cl de lait
1 bonne cuillerée à soupe d'huile d'arachide
Sel et poivre du moulin

À boire

Domaine Saladin 2007, cuvée Per El, Côtes-du-Rhône AOC, blanc.

*Recette élaborée sur les conseils du chef Bernard Jean, Reflets Créoles.

Drôles
de pattes King Crab, ficelles dorées

Ingrédients :
2 ficelles dorées croustillantes
2 pinces de King Crab (déjà cuites, chez le poissonnier)
2 cuillerées à soupe de mayonnaise au citron
1 petit bouquet d'aneth
1 filet de citron
Poivre rouge de Tasmanie

À boire

Bergerac, château Le Raz, Montravel sec.

Pour 2 personnes

- Décortiquez soigneusement les pinces du King Crab. Lavez et ciselez l'aneth.
- Dans un bol, mélangez la mayonnaise au citron avec l'aneth ciselé et le filet de citron. Poivrez.
- Coupez horizontalement les ficelles. Tartinez les deux faces de mayonnaise au citron et à l'aneth.
- Disposez 1 patte de King Crab sur chacune en laissant dépasser les extrémités. Refermez les ficelles.

Vous pouvez remplacer la mayonnaise par du tarama et des œufs de saumon.

Délices
gambas-trois poivrons, pain au sésame

Préparation : 10 min
Cuisson : 17 min
Matériel : pinceau (ou spray), ciseaux de cuisine, grille-pain

Ingrédients :

4 tartines de pain aux graines de sésame
200 g de poivrons rouges,
200 g de jaunes,
200 g de verts surgelés
600 g de grosses gambas surgelées
1 cuillerée à soupe de graines de sésame
1 petit bouquet de coriandre
1 cuillerée à soupe d'huile d'olive + 1 cuillerée à café pour badigeonner les tartines de pain
1 cuillerée à soupe d'huile de sésame
1 filet de jus de citron
1 légère pincée de paprika
Sel et poivre noir du moulin

Pour 4 personnes

- Rincez la coriandre et ciselez-la finement.
- Dans une poêle, faites décongeler à sec les poivrons et les gambas. Versez l'huile d'olive, couvrez et faites cuire 15 minutes à feu doux en remuant de temps en temps. Salez et poivrez.
- Quand le mélange poivrons-gambas est sec, ajoutez l'huile de sésame et laissez chauffer encore 2 minutes à feu doux.
- Dans une petite poêle, faites griller à sec les graines de sésame. Incorporez-les au mélange poivrons-gambas.
- Toastez rapidement les tartines de pain au grille-pain. Badigeonnez-les d'huile d'olive.
- Au moment de servir : à l'aide de ciseaux, découpez les poivrons en lanières dans la longueur. Disposez-les sur chaque tartine en répartissant équitablement les trois couleurs. Ajoutez les gambas. Arrosez d'1 filet de jus de citron. Décorez de coriandre ciselée et saupoudrez de paprika.

À boire

Bergerac, rosé, domaine du Boyer, 2008.

Les poivrons peuvent être remplacés par des tomates confites. Surveillez la cuisson des gambas. Comme tous les oléagineux, les graines de sésame sont riches en protéines et en acides gras essentiels. En outre, elles contiennent de nombreuses vitamines : E, A, B1, B2.

Régalade
aux deux saumons, mie de pain, pain à l'orge

Préparation : 20 min
Cuisson : 2 h
Matériel : terrine à four avec couvercle, mixeur, grille-pain

Ingrédients :

6 tranches de pain à l'orge
100 g de mie de pain (au choix) de la veille
300 g de filet (ou dos) de saumon
150 g de beurre + quelques noisettes pour la terrine
2 fines tranches de saumon fumé
1 jaune d'œuf
1 petit bouquet de persil
1 cuillerée à soupe de farine
4 rondelles de citrons vert et jaune
20 cl de crème fraîche très froide
1 feuille de gélatine dissoute dans du fumet de poisson
10 cl de lait
1 cuillerée à café d'huile
Sel et poivre du moulin

À boire

Languedoc-Roussillon, Domaine Bérénas, L'Iris, 2003.

Pour 4 à 6 personnes

• Faites gonfler la mie de pain dans le lait tiède. Tassez-la dans une passoire.

• Retirez les arêtes et la peau du saumon frais. Rincez et équeutez le persil.

• Préparez la mousse de poisson : dans le bol d'un mixeur, déposez le saumon, la gélatine dissoute avec le fumet de poisson, le beurre, le jaune d'œuf, le persil (gardez quelques brins pour la décoration) et la mie de pain. Donnez plusieurs tours de mixeur jusqu'à l'obtention d'une mousse homogène. Salez et poivrez.

• Coupez le saumon fumé en petits dés.

• Préchauffez le four à 180 °C (th. 6).

• Huilez le fond de la terrine. Remplissez-la de mousse au saumon jusqu'à la moitié. Recouvrez d'une couche de dés de saumon fumé. Ajoutez le reste de mousse au saumon jusqu'à 1 cm du bord de la terrine. Parsemez de noisettes de beurre. Fermez la terrine avec le couvercle.

• Délayez la farine avec 1 cuillerée à café d'eau et badigeonnez les bords du couvercle avec ce mélange pour le fermer hermétiquement.

• Déposez la terrine dans une plaque à four remplie d'eau et faites cuire 2 heures au four en vérifiant de temps en temps qu'il reste de l'eau dans la plaque.

• Pendant ce temps, fouettez la crème fraîche dans un récipient glacé. Réservez-la au réfrigérateur.

• Sortez la terrine du four et laissez-la refroidir dans son moule.

• Toastez rapidement les tranches de pain au grille-pain.

• Tranchez des parts de terrine avec précaution et disposez-les sur les tranches de pain grillé. Décorez-les avec les brins de persil réservés.

• Servez à part la crème fouettée avec les rondelles de citron.

Coupez de larges tranches de pain avec un couteau à lame crantée
ou taillez des formes amusantes à l'aide d'emporte-pièces.
Ne salez pas trop la mousse de poisson, car le saumon fumé l'est déjà.
Pour une meilleure tenue des tranches, préparez cette terrine la veille.

Pierre Zimmermann

À la lueur de la flamme alsacienne

« Quand avez-vous décidé d'être boulanger ?

– Je représente la quatrième génération de boulangers dans mon village de 400 habitants. Nous sommes actuellement 14 salariés. J'ai décidé d'être boulanger à 14 ans, lors de mon choix d'orientation... je suis entré en apprentissage comme pâtissier-confiseur. J'ai poursuivi par le brevet de maîtrise de pâtissier, alors que j'abordais parallèlement une formation initiale de boulanger. Après avoir obtenu mon titre de maître pâtissier à l'âge de 20 ans, je me suis attaqué à celui de boulanger ! Depuis, je continue ma formation par des stages dans des écoles telles que l'École Lenôtre ou l'École Richemond de Luzerne. Je m'enrichis aussi lors

de mes propres déplacements professionnels, en intervenant dans des écoles prestigieuses : École française de boulangerie d'Aurillac, École internationale Olivier Bajard (Perpignan) ou French Pastry School (Chicago).

– Qui sont vos clients et quel pain viennent-ils chercher ?

– Nos clients viennent du village et des alentours. Le samedi, nous accueillons de nombreux clients de la banlieue strasbourgeoise qui n'hésitent pas à consacrer 15 minutes de leur temps pour se diriger vers la campagne plutôt que d'aller en ville. Nous sommes connus pour notre pain fabriqué sous le label « Alsépi ». Ce label certifie que la filière totale, du grain au pain, est alsacienne, issue de l'agriculture raisonnée, et dont tous les intervenants respectent un cahier des charges très précis. Mais nous proposons aussi d'autres pains qui connaissent un franc succès : le pain à la bière, celui aux noix et noisettes, la fougasse basilic-tomate, le pain au lard et au gruyère...

– Avez-vous des spécialités de pains ?

– Outre le « Subrot », pain régional authentique, nous varions notre offre au fil des saisons avec, bien sûr, la présence constante de classiques tels que le pain à la bière ou le « Cérégraine ». La première livraison part à 6 h 10 et les magasins ouvrent à 6 h 30. Nous avons la chance d'avoir une fédération de boulangers très dynamique, ainsi que l'Union des boulangers artisans créateurs dont je fais partie. Il est plaisant d'être boulanger en Alsace, même si nous sommes soumis à une concurrence importante. »

Rouleaux

de seiche farcis, fagots bâtards, mie de pain complet

Préparation : 45 min
Cuisson : 55 min
Matériel : mortier, mixeur, 4 bouts de ficelle alimentaire

Ingrédients :

2 bâtards
4 blancs de seiche frais ou congelés
1 gousse d'ail

Pour la farce :
150 g de chair à saucisse
100 g de mie de pain complet
2 gousses d'ail
5 cl de lait
1 cuillerée à café d'huile d'olive
1 jaune d'œuf
4 gouttes de Tabasco®
1 petit bouquet de persil haché
1 pincée de safran
1 pincée de sel

À boire

Domaine de Vénus, blanc, côtes catalanes, L'Effrontée, 2006.

Pour 4 personnes

• Coupez les bâtards en deux pour faire comme des petits fagots. Retirez les croûtons ainsi que la mie sans abîmer la croûte (la mie des bâtards ne sert pas).
• Rincez les blancs de seiche sous l'eau froide. Faites-les blanchir dans une casserole d'eau bouillante salée pendant 10 minutes. Égouttez-les et roulez-les (ils se roulent naturellement).
• Préparez la farce : faites tremper la mie de pain complet dans le lait tiède. Tassez-la dans une passoire quand elle est bien gonflée. Dans un récipient, déposez la chair à saucisse et la mie de pain complet. Incorporez le jaune d'œuf, le safran, le persil haché et le sel. Versez l'huile d'olive et le Tabasco®. Malaxez avec les doigts afin que la farce soit bien homogène. Rectifiez l'assaisonnement si nécessaire.
• Garnissez les rouleaux de seiche de farce de viande. Ficelez-les avec un bout de ficelle alimentaire.
• Préparez le coulis de légumes : pelez la carotte et coupez-la en petits dés. Lavez la tomate, épépinez-la et coupez-la également en petits dés. Pelez l'oignon et émincez-le finement. Épluchez et pilez la gousse d'ail. Dans une marmite, faites chauffer l'huile d'olive puis faites dorer la garniture de légumes. Versez le fumet de poisson et le vin blanc. Incorporez le concentré de tomates, le sucre et le thym. Mélangez le tout. Laissez cuire à couvert et à feu doux pendant 15 minutes.
• Mixez le coulis tiède (sans le thym) puis passez-le au chinois.
• Versez le coulis de légumes dans la marmite. Ajoutez les rouleaux de blancs de seiche et laissez mijoter à feu très doux 30 minutes en les retournant de temps en temps. Rectifiez l'assaisonnement si nécessaire.

• Sortez les blancs de seiche de la marmite. Réduisez la sauce à feu vif si elle est trop liquide (ou allongez-la avec un peu de fumet si elle est trop épaisse).

• Au moment de servir : frottez l'intérieur des fagots de bâtards avec la seconde gousse d'ail coupée en deux. Retirez la ficelle des rouleaux de seiche. Glissez délicatement 1 rouleau de seiche dans chaque fagot de bâtard (les extrémités des rouleaux doivent sortir largement des bâtards).

• Dressez sur les assiettes et entourez de coulis de légumes.

Surveillez la cuisson des blancs de seiche (ils ne doivent surtout pas être caoutchouteux). L'encornet peut remplacer la seiche.

Pour le coulis de légumes :
1 tomate
1 carotte
1 oignon
1 cuillerée à soupe d'huile d'olive
1 cuillerée à café de concentré de tomates
1 pincée de sucre semoule
1 bol de fumet de poisson (réalisé avec 1 cube de fumet et 25 cl d'eau bouillante)
1 cuillerée à soupe de vin blanc sec
2 brindilles de thym

Saint-Jacques
fondue de poireaux, muffins pain de seigle

Préparation : 15 min
Cuisson : 20 min
Matériel : grille-pain, 4 rectangles de papier d'aluminium

Ingrédients :
2 muffins au pain de seigle
12 noix de Saint-Jacques
200 g de blancs de poireaux
4 cuillerées à soupe de crème fraîche épaisse
Sel et poivre du moulin

À boire

Bergerac rouge, domaine de l'Ancienne Cure ou bergerac blanc sec, cuvée L'Extase, 2007.

Pour 4 personnes

• Passez rapidement les noix de Saint-Jacques sous l'eau et essuyez-les dans un linge propre. Coupez-les en fines lamelles.

• Lavez les blancs de poireaux et coupez-les en morceaux. Blanchissez-les dans une casserole d'eau bouillante salée. Égouttez-les et pressez-les bien (ils doivent être complètement secs).

• Allumez le gril du four.

• Préparez des papillotes : disposez une petite quantité de fondue de poireaux au centre de chaque rectangle de papier d'aluminium. Ajoutez 1 cuillerée à soupe de crème fraîche sur le dessus. Répartissez les lamelles de Saint-Jacques en formant une rosace. Salez et poivrez. Refermez soigneusement les papillotes. Placez-les sous le gril et laissez cuire 20 minutes.

• Coupez les muffins en deux horizontalement. Toastez-les rapidement au grille-pain.

• Au moment de servir : sortez les papillotes du four et retirez le papier d'aluminium. Disposez chaque portion chaude entre les tranches de muffins grillés.

Des lamelles de truffe noire sur les Saint-Jacques seront presque indispensables !

Boulettes vapeur

marjolaine-sésame, baguette parisienne, mie de pain aux céréales

Préparation : 10 min
Cuisson : 4 min
Matériel : cuit-vapeur, piques en bois

Ingrédients :

2 baguettes parisiennes
60 g de mie de pain aux céréales
100 g de viande hachée de bœuf
1 œuf
6 feuilles de marjolaine
1/2 tasse de bouillon de bœuf
1 cuillerée à soupe d'huile de sésame
1 cuillerée à soupe de graines de sésame
1 pincée de sel bio de Noirmoutier
Poivre du moulin

À boire

Domaine de Vénus, côtes du Roussillon, rouge, 2004.

Pour 4 personnes

- Émiettez finement la mie de pain.
- Faites tiédir le bouillon de bœuf et versez-le en filet sur la mie. Laissez-la s'imbiber. Égouttez-la puis tassez-la dans une passoire.
- Lavez et hachez la marjolaine (réservez quelques feuilles pour la décoration).
- Préparez la farce : mélangez la viande hachée avec la mie de pain. Incorporez la marjolaine hachée et l'huile de sésame. Malaxez le tout du bout des doigts. Salez et poivrez. Formez des boulettes dans la paume de la main.
- Roulez les boulettes dans les graines de sésame. Déposez-les dans le panier d'un cuit-vapeur et faites cuire 4 minutes en les secouant au bout de 2 minutes.
- Au moment de servir : coupez les baguettes dans le sens de la longueur. Retirez la mie pour « creuser des barques ». Disposez les boulettes tout au long des demi-baguettes. Décorez avec les feuilles de marjolaine restantes.

Vous pouvez remplacer la viande de bœuf par du veau et la marjolaine par de la menthe. Accompagnez de petits pots de sauce ketchup, moutarde ou chutney. Piquez les boulettes avec des piques en bois.

Escalopes
de dinde à la viennoise, mie de pain blanche

Préparation : 10 min
Préparation : 4 min
Cuisson : 20 min
Matériel : fouet

Ingrédients :

2 blancs de dinde (ou de poulet)
80 g de mie de pain blanche
40 g de beurre
1 cuillerée à soupe de farine
2 œufs
1 pincée de sel
Poivre du moulin

À boire

Domaine Mas Neuf,
Costières de Nîmes,
cuvée tradition,
rouge, 2006.

Pour 2 personnes

• Aplatissez les escalopes de dinde (placées sous un film alimentaire) en les tapant avec un poids. Entaillez-les légèrement pour éviter qu'elles ne se recroquevillent à la cuisson. Salez et poivrez de chaque côté.
• Émiettez la mie de pain. Faites-la sécher au four pour la rendre fine comme de la chapelure.
• Dans un bol, battez légèrement les œufs.
• Farinez les escalopes et tapotez-les pour retirer l'excédent de farine. Plongez-les dans l'œuf battu puis roulez-les, sur les deux faces, dans la mie de pain séchée.
• Dans une poêle, saisissez les escalopes panées au beurre blond, 10 minutes de chaque côté. Servez aussitôt.

Les escalopes de dinde panées doivent être moelleuses. Servez-les avec une salade verte agrémentée de fleurs comestibles (capucines, soucis, coucous...) ou de champignons des prés (girolles, pleurotes...).

Robert Gonnet
Boulanger baroudeur

Robert Gonnet, petite cinquantaine dynamique, aurait pu jouer dans *La Femme du boulanger* ! L'homme a visiblement pas mal roulé sa bosse. Il fut confiseur au Palet d'Or dans l'Allier, pâtissier chez Bocuse puis chez Troisgros, avant de partir aux USA sur des yachts de luxe pendant deux ans. De retour, il devient chef restaurateur chez Marius et Jeannette, célèbre restaurant parisien, puis directeur de la recherche et du développement chez Pistache au Barcelone des Étoilés… et au Four Seasons de Prague. Enfin, le marathonien termine son parcours voici un an, comme directeur d'exploitation des boulangeries, au Boulanger de Monge. Scrupuleux, notre professeur « perlin-pain-pain » s'entoure alors de deux boulangers de métier : Vincent Fredrich et Jérôme Sartout. « Nous apportons la création,

l'innovation, le concept, et tout se met en place ! » Dans la boulangerie gardienne du temple, le pain se fait à la main devant la clientèle, et inutile de préciser que ça fleure plutôt bon ! « Nos produits sont nobles, il n'y a aucun apport d'additifs », dit Robert. Le beurre est AOC et les farines proviennent des Moulins de la Marne ou Decollogne. Quatre variétés de blé sont triées et sélectionnées au quotidien. « Nos 12 pains spéciaux aux noix, figues, abricots, cacao sont pétris minutieusement et fermentent lentement de 6 à 8 °C. La pâte, réalisée avec du levain épais, est ensuite remise à température pendant 1 heure avant enfournement. » Dans la boulangerie artisanale, les clients savent qu'ici le pain sortira du four soir et matin, qu'il ne ramollira pas et ne séchera pas. « Notre matrice, appelée "poolish" a 7 ans... C'est elle qui assure la fermentation de la pâte fabriquée avec de l'eau, de la farine, un peu de miel et de sel. Parmi nos clients figurent l'hôtel de Crillon, Hédiard ou la table du Lancaster, que nous livrons trois fois par jour. » Et si Robert Gonnet devait mettre un aliment sur une tranche de pain ? « Je commencerais par saisir le pain, puis je l'observerais, le sentirais, le "sonnerais" ou le cognerais par en dessous pour écouter sa caisse de résonance, et vérifierais sa cuisson. Après, seulement, je l'ouvrirais et testerais sa "matière vivante"... et, plutôt satisfait, j'y mettrais une sardine fraîche avec du beurre demi-sel ! »

le Boulanger de monge®

Cailles

aux morilles en pâte à pain

Préparation : 30 min
Cuisson : 1 h
Matériel : pinceau, aiguille de cuisine, ficelle alimentaire, ciseaux à lame crantée

Ingrédients :
1 kg de pâte à pain (chez votre maître artisan boulanger)
50 g de pain, au choix
4 cailles
100 g de pignons de pin
30 g de morilles déshydratées
20 g de beurre
4 petits-suisses
2 jaunes d'œufs
1 cuillerée à soupe de farine (pour le plan de travail)
15 cl de bouillon de volaille
Sel
Poivre de Tasmanie

À boire

Gevrey-Chambertin, domaine Drouhin-Laroze, Au Clozeau, 2006.

Pour 4 personnes

• Préchauffez le four à 180 °C (th. 6).

• Enlevez la croûte du pain et faites sécher la mie au four, sur une plaque. Émiettez la mie.

• Faites tremper les morilles dans un bol de bouillon de volaille chaud pendant 5 minutes pour les réhydrater. Essuyez-les dans un linge propre (vérifiez qu'elles ne soient pas sableuses). Filtrez et réservez une petite quantité de bouillon.

• Dans un récipient, mélangez les morilles avec les petits-suisses, la mie de pain émiettée et la moitié des pignons. Salez et poivrez. À l'aide d'une grande cuillère, remplissez l'intérieur des cailles avec cette farce. Fermez-les en les cousant à l'aide de l'aiguille et de la ficelle alimentaire. Attachez les pattes en l'air avec la ficelle. Beurrez les cailles sur toute la surface. Salez et poivrez.

• Étalez la pâte à pain au rouleau à pâtisserie sur le plan de travail légèrement fariné.

• Découpez-la en 4 carrés dépassant de 7 cm autour des cailles. Disposez 1 caille au centre de chaque carré et refermez la pâte comme une enveloppe en rabattant bien les côtés. Collez les bords en les pinçant et en les humidifiant avec le bouillon réservé. Badigeonnez le dessus de la pâte de jaune d'œuf battu. Piquez la pâte comme un hérisson avec le reste des pignons.

• Enfournez les cailles et laissez cuire pendant 1 heure. Recouvrez-les de papier d'aluminium si elles commencent à griller.

• Au moment de servir : dressez 1 caille en croûte dans chaque assiette en laissant à vos invités le soin de briser la croûte eux-mêmes.

Vous pouvez décorer le dessus des cailles avec une jolie rosace de pâte.
Accompagnez les cailles de champignons frais.

Miche

ris de veau aux pointes d'asperges vertes

Préparation : 1 h (la veille)
Cuisson : 45 min pour les ris de veau, 10 min pour les asperges, 5 min pour la sauce
Matériel : couteau à pain

Ingrédients :

1 miche de pain de campagne (le fond de la miche doit être stable sur la table)
1 noix de ris de veau
250 g de champignons de Paris
100 g de jambon fumé, non gras
1 petite botte d'asperges vertes
3 oignons
1 carotte
1 branche de céleri
1 petit bouquet garni
1 petit bouquet de persil
1 cuillerée à café de fécule de pomme de terre
15 cl de porto
10 cl de vin blanc sec
Le jus de 1 citron
90 g de beurre
1 cuillerée à soupe de gros sel
Sel et poivre du moulin

À boire

Bergerac, rouge, Château d'Elle.

Pour 4 personnes

• La veille : faites dégorger le ris de veau dans un récipient d'eau froide salée, placé au réfrigérateur.

• Le lendemain : rincez rapidement le ris de veau sous le robinet. Plongez-le dans une casserole d'eau bouillante avec le gros sel, le jus de citron et le bouquet garni. Laissez-le blanchir 8 minutes. Essuyez-le et nettoyez-le de ses impuretés. Coupez-le en petits morceaux.

• Pelez et coupez les oignons et la carotte en fines rondelles. Lavez et taillez le céleri en petits tronçons. Lavez et ciselez le persil (gardez quelques brins pour la décoration).

• Nettoyez les champignons et émincez-les finement. Faites-les suer dans un faitout jusqu'à évaporation de l'eau de végétation, puis faites-les dorer avec 40 g de beurre. Débarrassez sur une assiette.

• Dans le faitout, faites blondir les oignons avec 10 g de beurre. Réservez-les sur une assiette.

• Pelez les asperges. Faites-les cuire 10 minutes dans une casserole d'eau bouillante salée (la pointe doit rester ferme). Passez-les rapidement sous l'eau froide, égouttez-les et déposez-les délicatement sur un linge propre. Coupez les pointes (les tiges ne servent pas).

• Taillez le jambon fumé en dés.

• Faites revenir les morceaux de ris de veau dans le faitout avec le reste de beurre en les secouant bien. Quand ils sont légèrement dorés, réservez-les hors du feu.

• Dans le faitout, faites dorer les rondelles de carotte, le céleri et les dés de jambon. Mouillez avec le vin blanc. Faites réduire la sauce 5 minutes. Remettez les ris de veau dans le faitout. Ajoutez le persil ciselé puis les champignons et les oignons. Versez la moitié du porto, salez et poivrez. Couvrez et laissez cuire à feu doux 40 minutes.

• À l'aide d'un couteau à pain, découpez un couvercle (assez haut) dans la miche de pain. Enlevez la mie (en veillant à ne pas percer la croûte).

• Retirez le ris de veau du faitout. Faites réduire la sauce aux trois quarts (elle doit être onctueuse et sirupeuse). Rectifiez l'assaisonnement si nécessaire.

• Dans une petite casserole, faites réduire le reste de porto en le saupoudrant de fécule (remuez bien). Incorporez cette réduction à la sauce au ris de veau. Remettez le mélange à chauffer 2 minutes sur feu doux.

• Au moment de servir : à l'aide d'une louche, garnissez la miche de pain de ris de veau en sauce et au jambon fumé. Disposez sur le dessus les pointes d'asperges tièdes et quelques brins de persil. Refermez le chapeau de la miche et servez sans attendre.

Vous pouvez utiliser 4 petits pains ronds (évidés) à la place de la miche. La croûte du pain doit être ferme mais surtout pas sèche. Vous pouvez remplacer la miche campagnarde par une tourte auvergnate à la farine de seigle.

Hamburgers

aiguillettes de canard, pousses d'épinards, pains briochés sans sucre

Préparation : 20 min
Cuisson : 20 min
Matériel : couteau aiguisé

Ingrédients :

4 petits pains briochés (sans sucre)
2 magrets (crus) de canard
100 g de jeunes pousses d'épinards
20 g de beurre
1 échalote
4 brins de coriandre
1 cuillerée à café de miel liquide
2 cuillerées à soupe de sauce barbecue
1 cuillerée à soupe d'huile d'olive
4 petits bouquets de menthe fraîche
Sel et poivre noir concassé

À boire

Domaine de Vénus, côtes-du-Roussillon, rouge, 2004.

Pour 2 personnes

- Épluchez et émincez finement l'échalote. Lavez et ciselez la coriandre. Lavez et séchez délicatement les pousses d'épinards dans un linge propre.
- À l'aide d'un couteau aiguisé, ôtez la peau des magrets. Taillez la viande en aiguillettes. Salez-les et roulez-les des deux côtés dans le poivre concassé.
- Dans la poêle, faites mousser le beurre, puis saisissez les aiguillettes sur chaque face avec l'échalote. Débarrassez sur une assiette.
- Versez le miel, l'huile et la sauce barbecue dans la poêle et faites réduire à feu vif aux trois quarts.
- Au moment de servir : ouvrez horizontalement les petits pains briochés. Toastez-les rapidement au grille-pain. Tartinez-les de sauce relevée.
- Disposez les pousses d'épinards, la coriandre et les aiguillettes de canard dans les petits pains. Refermez-les. Piquez les chapeaux d'un petit bouquet de menthe.

Servez avec de grosses frites dans un panier.

Entre-deux

tranches*, andouillette AAAAA, lit d'ail confit, pain au levain

Préparation : 10 min
(la veille voire plusieurs jours
à l'avance pour
le confit d'ail)
Cuisson : 25 min pour
le confit d'ail, 6 min pour
les andouillettes
Matériel : grille-pain,
grosse aiguille

Ingrédients :

4 tranches épaisses
de pain au levain
2 andouillettes AAAAA
5 têtes d'ail blanc
de Lomagne
50 cl d'huile d'olive
1 branche de thym
1 feuille de laurier
1 brin de romarin
1 pincée de sel
40 grains de poivre noir

À boire

Côtes de Castillon, rouge,
Yearling Wine Spirit,
2006.

Pour 2 personnes

• Préparez le confit d'ail : décortiquez les têtes d'ail. Laissez aux gousses leur première peau. À l'aide de l'aiguille, piquez-les légèrement. Déposez-les dans une casserole avec le poivre en grains et les herbes aromatiques. Recouvrez-les d'huile d'olive. Faites-les chauffer à 85 °C pendant 25 minutes (surveillez la bulle qui se forme dans l'huile, car cette dernière ne doit pas bouillir).
• Enfoncez l'aiguille dans 1 gousse d'ail pour voir si sa chair est fondante. Égouttez les gousses et laissez-les refroidir. Pressez sur chaque gousse pour récupérer la pulpe.
• Au moment de servir : toastez rapidement les tranches de pain au grille-pain.
• Piquez légèrement les andouillettes pour qu'elles n'éclatent pas à la cuisson. Faites-les griller dans une poêle, à sec, 3 minutes de chaque côté. Coupez-les en tranches épaisses.
• Pour chaque entre-deux-tranches, étalez un peu de purée d'ail sur 2 tartines de pain grillé. Disposez des tranches d'andouillette sur la première. Recouvrez-la de l'autre tartine. Servez aussitôt avec une salade verte.

Faites confire les gousses d'ail plusieurs jours à l'avance et réservez-les au frais dans un bocal d'huile d'olive vierge extra. Vous pouvez confire de l'échalote ou des petits oignons de la même façon.

* Recette élaborée sur les conseils du chef Étienne Guerraud, Le Café du Commerce, Paris.

Jean-Yves Gautier

À la pointe du pétrin

MOF depuis 1989, Jean-Yves-Honoré Gautier, maître artisan boulanger, s'attache à ses machines, même si chez lui, à Saint-Sébastien en Loire-Atlantique, l'intervention de la main est prédominante. Façonneuse, laminoir, pétrin, batteur-mélangeur ont d'emblée compris l'enjeu : ils se tiennent à carreau dans « leur » boulangerie propre, spacieuse et sécurisée. C'est donc sans surprise si la clientèle forme une impressionnante queue dès l'ouverture. Sentir, acheter et goûter aux créations sublimes, quel poème ! « Quand j'ai repris l'affaire en 1995, j'ai imposé d'importants travaux de remise aux normes. En montrant l'exemple, je pense aussi faire évoluer le métier, car il doit attirer les jeunes. » Autour d'une bonne douzaine de salariés, Jean-Yves partage l'amour du travail bien fait, et on l'apprécie. À Sartilly, avec Mireille sa future épouse, il décide de continuer à évoluer.

Jean-Yves-Honoré (un prénom prédestiné !) poursuit sa voie avec une formation itinérante à l'INPB (Institut national de la boulangerie-pâtisserie). Lauréat de nombreux trophées, l'artisan boulanger a aujourd'hui un sourire radieux. « Mes pains plaisent à tout le monde, sans oublier les bébés qui le réclament pour faire leurs dents sur la croûte ni les seniors qui apprécient la mie moelleuse et alvéolée ! » Avec la Fédération des boulangers de Loire-Atlantique et en collaboration avec les autres boulangers du département, appuyé par l'INRA, il met en place un pain du terroir dont la valeur nutritionnelle est reconnue par l'Institut Pasteur. Passionné, haut défenseur des goûts et des couleurs, Jean-Yves Gautier non seulement se démène derrière son fournil vitré mais proclame encore les bienfaits du pain lors de la Fête du pain, qui a lieu tous les ans.

Millefeuille

Saint-Jacques, foie gras, toasts au pain de seigle

Préparation : 5 min
Cuisson : 3 min

Ingrédients :

6 tranches de pain de seigle
2 parts de foie gras de canard cuit
8 noix de Saint-Jacques (avec ou sans corail)
1 poignée de roquette
1 cuillerée à soupe d'huile d'olive
4 cuillerées à café de miel liquide
1 cuillerée à café de vinaigre balsamique
Sel et poivre du moulin

À boire

Bergerac sec, château Le Fagé, type Sauvignon, 2007.

Pour 2 personnes

- Lavez et essuyez les noix de Saint-Jacques. Coupez-les en trois, horizontalement (en gardant intact le corail, s'il y en a).
- Coupez chaque part de foie gras en 3 lamelles épaisses.
- Faites chauffer l'huile d'olive dans une poêle et saisissez les noix de Saint-Jacques 1 minute de chaque côté. Jetez l'huile. Réservez les Saint-Jacques hors du feu. Déglacez le fond de la poêle avec le miel et le vinaigre balsamique. Quand la sauce est sirupeuse, remettez les Saint-Jacques 1 minute, à feu très doux. Salez et poivrez.
- Toastez rapidement les tranches de pain.
- Assemblez le millefeuille : déposez 1 toast dans chaque assiette. Éparpillez dessus quelques feuilles de roquette. Versez un filet de sauce au miel. Disposez 1 lamelle de foie gras et un tiers des Saint-Jacques. Recouvrez avec un autre toast. Poursuivez ainsi jusqu'à épuisement des ingrédients.

Les saveurs iodées de la Saint-Jacques accompagnent bien le pain au seigle.

Pain retrouvé

foie gras, truffe noire*, pain de campagne

Préparation : 50 min (la veille pour le foie gras)
Cuisson : 8 min pour le foie gras poché, 20 min pour le coulis de poires
Matériel : film alimentaire

Ingrédients :

4 tranches de pain de campagne
100 g de mie de pain séchée et émiettée
500 g de foie gras cru de canard
500 g de poires
50 g de truffe noire
100 g de sucre semoule + 1 pincée pour le foie gras
70 g de beurre
50 g de farine
6 œufs
50 cl de vin de Syrah
10 cl de lait entier
10 cl de jus de truffe
10 cl de crème de cassis
1 pincée de sel rose
10 g de poivre blanc
Sel et poivre du moulin

À boire

Saint-Émilion grand cru, château Gueyrot, 2005.

Pour 4 personnes

• La veille : retirez les petites veines du foie gras. Assaisonnez-le de sel, de poivre et d'1 pincée de sucre des deux côtés. Roulez-le dans du film alimentaire en lui donnant la forme d'un cylindre de 5 cm de diamètre.

• Pochez le cylindre de foie gras 8 minutes dans une casserole d'eau bouillante. Sortez-le de la casserole et refroidissez-le sur un bac à glaçons. Réservez le cylindre de foie gras au réfrigérateur.

• Le lendemain, préparez le pain retrouvé : dans un bol, fouettez 2 œufs avec le jus de truffe et le lait légèrement tiédis. Salez et poivrez. Trempez rapidement les 4 tranches de pain dans le mélange.

• Dans une poêle, faites fondre 50 g de beurre puis clarifiez-le (retirez l'écume). Faites dorer les tranches de pain des deux côtés. Réservez-les au chaud sur une grille.

• Préparez le caramel : dans une petite casserole, faites réduire à feu doux le vin de Syrah avec la crème de cassis et le sucre semoule. Retirez la casserole du feu quand le caramel prend une jolie couleur rouge. Versez le caramel dans un saladier.

• Préparez le coulis de poires : épluchez et épépinez les poires. Coupez-les en petits dés. Faites-les compoter à feu doux dans une casserole pendant 20 minutes environ. Ajoutez-les dans le caramel. Donnez un petit tour de poivre dans le mélange.

• Au moment de servir : sortez le cylindre de foie gras du réfrigérateur. Retirez le film alimentaire. À l'aide d'un couteau bien aiguisé, découpez 4 tronçons. Roulez-les légèrement dans la farine (tapotez pour en retirer l'excédent).

* Recette élaborée sur les conseils du chef Christian Têtedoie.

• Brossez la truffe, puis hachez-la finement. Mélangez la mie de pain émiettée au hachis de truffe.

• Fouettez les œufs restants dans un bol. Assaisonnez de sel rose et de poivre blanc. Passez rapidement les tronçons de foie gras dans l'œuf battu puis dans le mélange mie de pain-truffe.

• Dans une poêle, faites mousser le reste de beurre puis clarifiez-le. Colorez rapidement les tronçons de foie gras de chaque côté.

• Dressez les assiettes avec 1 tranche de pain retrouvé surmontée d'1 tronçon de foie gras chaud. Nappez de coulis de poires au caramel.

Pommes fruits

dinde rôtie, farce à la mie de pain

Préparation : 40 min
Cuisson : 30 min
Matériel : mixeur, plats à four, papier absorbant

Ingrédients :

200 g de pain, au choix
1 cuisse de dinde rôtie
1 foie et 1 cœur de dinde, cuits
4 pommes golden
50 g de lardons fumés
1 gousse d'ail blanc de Lomagne
1 échalote
1 petit bouquet de persil
1 branche de thym frais
2 cuillerées à soupe de bouillon de volaille
2 cuillerées à soupe de vin blanc sec
4 noix de beurre + un peu pour graisser les plats
Sel et poivre du moulin

À boire

Côte de Provence, La Vérité du terroir, 2008.

Pour 4 personnes

- Préchauffez le four à 180 °C (th. 6).
- Pelez l'ail et l'échalote. Rincez et ciselez finement le persil.
- Lavez et essuyez les pommes. Coupez-leur un chapeau assez haut. À l'aide d'une petite cuillère évidez-les sans les percer. Réservez la chair.
- Dans un plat à four beurré, déposez les pommes avec leur chapeau. Enfournez et laissez cuire 10 minutes environ, jusqu'à ce qu'elles prennent une jolie couleur jaune foncé. Réservez-les sur une grille en veillant à ce qu'elles ne s'affaissent pas.
- Augmentez la température du four à 260 °C (th. 8-9).
- Émiettez le pain.
- Préparez la farce : dépiautez la cuisse de dinde et coupez-la en petits morceaux (sans peau ni cartilage). Mettez-les dans le bol d'un mixeur. Ajoutez le foie, le cœur, l'ail, l'échalote, le persil, le thym émietté et la chair des pommes. Salez et poivrez. Donnez plusieurs tours de mixeur.
- Mélangez la farce à la mie de pain émiettée en malaxant bien le tout. Arrosez-la avec 1 cuillerée à soupe de bouillon de volaille tiède et 1 cuillerée à soupe de vin blanc. Rectifiez l'assaisonnement si nécessaire.
- Coupez les lardons fumés en dés. Faites-les revenir dans une poêle à sec. Égouttez-les sur un papier absorbant.
- Garnissez un plat à four beurré de farce à la dinde. Parsemez de noix de beurre. Enfournez et laissez cuire 10 minutes.
- Sortez le plat du four et incorporez les lardons grillés. Arrosez avec le reste de bouillon tiède et de vin blanc. Baissez le four à 180 °C (th. 6) et faites à nouveau cuire 5 minutes.
- À l'aide d'une grande cuillère, fourrez délicatement les pommes de farce. Remettez les chapeaux. Servez aussitôt.

Tartine canaille
rumsteak à l'échalote, pain de campagne

Préparation : 10 min
Cuisson : 4 min
Matériel : grille-pain

Ingrédients :

2 tartines de pain de campagne
200 g de rumsteak
40 g de beurre
6 échalotes grises
1 cuillerée à soupe de moutarde de Meaux
Sel et poivre du moulin

À boire

Châteauneuf-du-Pape, rouge, vins Xavier, 2007.

Pour 2 personnes

- Épluchez et émincez finement les échalotes.
- Dans une poêle, faites fondre les échalotes avec la moitié du beurre. Réservez-les sur une assiette.
- Salez et poivrez le rumsteak sur les deux faces. Faites chauffer le reste de beurre dans la poêle et saisissez la viande 2 minutes de chaque côté (pour une viande saignante).
- Coupez la viande en deux.
- Toastez les tartines de pain au grille-pain. Étalez sur chacune la moutarde de Meaux puis recouvrez d'une couche d'échalotes fondues. Ajoutez 1 morceau de rumsteck. Décorez le dessus avec un peu d'échalotes.

Des oignons rouges peuvent remplacer les échalotes. Vous pouvez aussi découper la viande en lamelles, de la longueur des tartines de pain.

Tartine
du Périgord, pain de campagne

Préparation : 10 min
Matériel : grille-pain, fouet

Ingrédients :

2 tranches de pain de campagne
150 g de magrets de canard fumés en fines lamelles
100 g de cerneaux de noix fraîches du Périgord
2 tranches de foie gras de canard mi-cuit
200 g de roquette et de trévise mélangées
10 cl d'huile de noix
1 cuillerée à café de moutarde forte
1 cuillerée à café de vinaigre de vin vieux
Sel et poivre du moulin

À boire

Bergerac Montravel « Désir Carmin »

Pour 2 personnes

- Lavez et essuyez la salade.
- Dans un bol, préparez l'assaisonnement : mélangez l'huile de noix avec les cerneaux de noix, le vinaigre et la moutarde. Donnez un petit coup de fouet. Salez et poivrez.
- Toastez légèrement les tranches de pain au grille-pain.
- Mettez 1 tranche de pain grillé dans chaque assiette. Disposez les feuilles de salade par-dessus puis recouvrez d'1 tranche de foie gras. Ajoutez les lamelles de magrets.
- Arrosez de vinaigrette aux noix et servez.

À La Roquette, comme dans d'autres jolis villages de Dordogne, pour faire le pain jadis, on utilisait un four à pain traditionnel en briques réfractaires. À Périgueux, la tartine gourmande de Francis Delpey, de L'Espace du Sixième Sens, en vaut franchement la chandelle !

Terrine
foies de volaille-truffe, petits pains aux noix

Préparation : 10 min
(la veille)
Cuisson : 3 min
Matériel : 1 terrine
(ou 4 petites individuelles)
avec couvercle, mixeur, papier
d'aluminium

Ingrédients :

6 petits pains aux noix
(ou 4 tranches
de pain aux noix)
700 g de foies de volaille
1 truffe noire de 20 g
40 cl de vin blanc sec
200 g de beurre ramolli
3 cuillerées à soupe
de porto
Sel et poivre du moulin

À boire

Bordeaux SCEV,
Héritiers De La Tour
du Fayet, Clos Lagüé,
élevé en fût de chêne,
2005.

Pour 6 personnes

• La veille : brossez rapidement la truffe sous l'eau froide. Essuyez-la soigneusement. Coupez-la en fines lamelles.

• Dans une casserole, portez le vin à ébullition. Au premier bouillon, plongez les foies de volaille et laissez-les cuire 3 minutes. Égouttez-les. Coupez-les en deux et dénervez-les si nécessaire.

• Mixez les foies de volaille avec le beurre ramolli et le porto jusqu'à l'obtention d'une mousse onctueuse. Salez et poivrez.

• Garnissez la terrine de mousse de foies de volaille. Parsemez de lamelles de truffe. Recouvrez la terrine de papier d'aluminium. Mettez le couvercle et réservez-la au réfrigérateur.

• Le jour même : coupez les petits pains en deux horizontalement. Tartinez chaque face de mousse de foie truffée et servez.

Accompagnez la terrine d'une salade verte.

« Être au pain et au couteau » :
un dicton qui semble parfaitement approprié
à ce casse-croûte chic !

"La Conserve"
a Agrafes Brevetées S.G.D.G.
4/4

François Pozzoli

Une cinquième génération d'artisans boulangers

« Nous n'avons pas de client type, le pain est un produit qui touche toutes les générations et toutes les nationalités ! » dit François Pozzoli. Dans la presqu'île de Lyon, chez ce boulanger modèle, on demande : François, le père ; Myriam, l'épouse ; Loïc, le fils aîné et Alexandre, le cadet... « Nous sommes tous d'excellentes pâtes... Notre dernière pièce rapportée, c'est Sylvie Rullière, la femme de Loïc ! » confie François, fier d'acclamer une relève de générations. Né en 1956 à Châteauroux, il découvre le métier de boulanger en travaillant dans le restaurant de ses parents. À 16 ans, il fait un apprentissage chez un Meilleur Ouvrier de France. Peu de temps après, il monte sa première affaire dans le 7e arrondissement de Lyon. Une deuxième boulangerie naît en 1985, qui est à l'image de ses rêves : « à l'ancienne », avec pétrissage à la main et cuisson au feu de bois... La boutique du 18 de la rue Ferrandière voit le jour en 1992. « Je reviens aux

sources du monde de la boulange en respectant les fermentations longues et les pétrissages lents », dit François Pozzoli. En quête d'évoluer dans la vie mais aussi d'apporter et de partager ses connaissances, il fait un retour à l'école et passe plusieurs concours. Quelle consécration quand, en 2004, il obtient son sésame : le titre de Meilleur Ouvrier de France ! Depuis, il propose des formations auprès de n'importe quel amoureux du pain, tant au niveau du grand public que des professionnels. « Dans toutes les boutiques, le pain des Pozzoli respecte la tradition française. » Ici, le bio figure à la première place même si l'on vient pour la tourte de seigle auvergnate, le campagne à la mie bise, le pain aux noix, aux six céréales, aux figues et au miel ou aux fruits secs. Un conseil : ne manquez surtout pas sa miche à la farine T 80 ! À Lyon, les restaurants de Pierre Orsi, les brasseries de Paul Bocuse, Léon de Lyon, l'Auberge de Fond Rose l'achètent précisément chez lui.

Baguette
VALEUR
AU KG

Raclette

et petits restes, bâtards

Préparation : 25 min
Cuisson : 20 min pour les pommes de terre
Matériel : service à raclette

Ingrédients :

3 bâtards
800 g de pommes de terre (rattes)
900 g de fromage à raclette savoyarde
100 g de viande des Grisons (viande séchée)
100 g de champignons de Paris
6 tranches de jambon cru de pays
6 rondelles épaisses de rosette (saucisson)
6 tranches de poitrine de lard
1 tomate
Poivre du moulin

À boire

Vin de Savoie, domaine Demeure-Pinet, Joudin, Jacquère, 2007.

Pour 6 personnes

• Lavez les pommes de terre (ne les épluchez pas). Faites-les cuire 20 minutes à l'eau bouillante salée. Égouttez et réservez au chaud.

• Nettoyez les champignons (ôtez le pied terreux) et coupez-les en fines lamelles.

• Coupez les bâtards en rondelles. Taillez la charcuterie et le fromage en carrés ou en rectangles.

• Apportez le service à raclette et tous les ingrédients sur la table : chaque convive, après avoir fait fondre une portion de fromage, l'étalera sur une pomme de terre ou sur une rondelle de bâtard.

Restes de raclette : le lendemain, disposez les pommes de terre coupées en lamelles épaisses dans un plat à gratin beurré. Ajoutez sur le dessus les restes de charcuterie et recouvrez de béchamel. Parsemez de noisettes de beurre et de mie de pain rassise. Faites gratiner 45 minutes au four.

Fondue
emmental-beaufort, petits boudins créoles, pains spéciaux

Préparation : 15 min
Cuisson : 10 min
Matériel : poêlon à fondue, 4 piques en bois

Ingrédients :

3 pains spéciaux :
au fromage,
aux oignons,
aux lardons
500 g d'emmental
500 g de beaufort
24 petits boudins créoles (épicés)
1 gousse d'ail
1 cuillerée à soupe de moutarde forte
4 verres de vin blanc sec
2 cuillerées à soupe de kirsch
1 cuillerée à café d'huile d'arachide
1 pincée de noix de muscade râpée
Poivre du moulin

Pour 4 personnes

- Préchauffez le four à 140 °C (th. 4-5).
- Taillez les fromages en fines lamelles. Piquez légèrement les petits boudins avec une fourchette pour qu'ils n'éclatent pas à la cuisson. Frottez le fond et le tour du poêlon à fondue avec la gousse d'ail coupée en deux.
- Coupez les 3 pains en deux. Dans la moitié du pain aux oignons, taillez 4 belles tartines. Recouvrez-les de moutarde.
- Coupez le reste du pain et les deux autres en cubes de la même taille (avec la croûte).
- Dans une poêle légèrement huilée, faites griller les petits boudins 4 minutes de chaque côté.
- Sur chaque pique en bois, enfilez 6 boudins en les alternant avec 1 cube de pain différent. Réservez-les au chaud dans le four.
- Préparez la fondue : faites chauffer le vin blanc dans le poêlon à fondue sur feu doux pendant 2 minutes. Plongez les lamelles de fromages dans le vin chaud et mousseux. Assaisonnez de muscade et de poivre. Versez le kirsch. Tournez à l'aide d'une spatule en bois (les fromages doivent être bien fondus).
- Au moment de servir : disposez 1 brochette de petits boudins créoles sur chaque tartine de pain aux oignons. Placez le réchaud à fondue sur la table, avec son socle, et allumez les bougies en dessous.
- Apportez les cubes de pain dans une jolie corbeille : vos invités les tremperont dans la fondue. Dégustez.

À boire

Château de la Mallevieille, Montravel sec, 2006
ou Montravel rouge, cuvée Imagine, 2005.

Les Sucrées

Fondue

au reblochon, pommes acidulées, tartines de pain complet

Préparation : 20 min
Cuisson : 5 min
Matériel : plat à gratin

Ingrédients :

4 tranches de pain complet
450 g de reblochon fermier
2 pommes granny smith
60 g de beurre
+ 1 noix pour le plat
30 g de parmesan râpé
1 gousse de vanille Bourbon
1 cuillerée à soupe de miel liquide
1 pincée de muscade en poudre

À boire

Pinot noir, Joseph Gsell,
cuvée 2005.

Pour 4 personnes

- Coupez le reblochon en fines lamelles.
- Pelez les pommes et épépinez-les. Coupez-les en quartiers assez épais.
- Portez 30 cl d'eau à ébullition dans une casserole puis plongez les quartiers de pommes et laissez-les cuire 2 minutes. Retirez la casserole du feu et faites-y infuser la gousse de vanille fendue en deux pendant 5 minutes. À l'aide d'une écumoire, retirez les pommes translucides, égouttez-les sur une grille et essuyez-les sur un linge propre.
- Dans une poêle, faites caraméliser les quartiers de pommes avec 40 g de beurre, le miel liquide et la muscade
- Allumez le gril du four.
- Dans un plat à gratin beurré, disposez, en les alternant, les quartiers de pommes et les lamelles de reblochon. Saupoudrez de parmesan râpé et parsemez de noisettes de beurre. Faites gratiner 3 minutes sous le gril (le reblochon doit être complètement fondu mais surtout pas sec).
- Au moment de servir : faites griller les tranches de pain complet sous le gril du four. Coupez des parts de fondue au reblochon et déposez-les sur les tartines de pain grillé.

*Le miel peut être remplacé par du sirop d'érable.
Le reblochon bénéficie d'une AOC attestant
de sa qualité. Pain et reblochon font bon ménage,
surtout l'été quand le fromage est au top de sa forme !*

Petites charlottes

aux fruits rouges, brioche

Préparation : 1 h (la veille)
Cuisson : 3 min
Matériel : 4 petits moules à charlotte, papier absorbant, papier d'aluminium

Ingrédients :

1 brioche au beurre pour 4 personnes
100 g de fraises parfumées
100 g de framboises
100 g de groseilles
1 cuillerée à café d'extrait naturel de vanille
6 jaunes d'œufs
125 g de sucre semoule
30 g de beurre
15 cl de crème fleurette très froide
10 cl de lait
1 cuillerée à soupe de crème de cassis
1 cuillerée à café d'huile d'arachide pour les moules
2 feuilles de gélatine
Coulis de fruits rouges surgelé
Feuilles de menthe pour la décoration

Pour 4 personnes

• La veille : ôtez le chapeau de la brioche. Coupez-la en deux. Taillez dans la mie 4 cercles au diamètre des moules à charlotte (réservez-les). Coupez le reste de la brioche en bâtonnets rectangulaires égaux (à la dimension des moules). Huilez les moules.

• Dorez rapidement à la poêle avec le beurre les bâtonnets de brioche. Égouttez-les sur du papier absorbant. Tapissez l'intérieur des moules (fond et parois) avec les bâtonnets dorés.

• Faites tremper les feuilles de gélatine dans un bol d'eau chaude pour les ramollir.

• Dans un saladier, fouettez les jaunes d'œufs avec le sucre jusqu'à ce que le mélange soit mousseux.

• Dans une casserole, faites bouillir le lait avec la vanille. Hors du feu, incorporez la gélatine fondue et pressée. Versez le lait parfumé sur les jaunes d'œufs mousseux et mélangez. Transvasez la crème vanillée dans une casserole propre et faites chauffer à feu doux en remuant avec une spatule. Avant le premier bouillon, retirez la crème anglaise du feu. Laissez refroidir.

• Rincez rapidement les fruits rouges (essuyez uniquement les framboises avec un papier absorbant humide). Équeutez les fraises et les groseilles.

• Dans un récipient glacé, fouettez la crème fleurette. Incorporez-la à la crème anglaise. Ajoutez ensuite délicatement tous les fruits rouges.

• Imbibez les 4 cercles de brioche réservés de crème de cassis.

• Répartissez la crème anglaise aux fruits rouges dans les moules. Refermez-les avec 1 cercle de brioche imbibé. Recouvrez les moules de papier d'aluminium et tassez-les avec un poids. Réservez-les au réfrigérateur.

• Le lendemain : faites décongeler le coulis de fruits rouges à température ambiante (chauffez-le légèrement si nécessaire).
• Sortez les charlottes aux fruits rouges du réfrigérateur. Démoulez-les sur des assiettes à dessert. Décorez de feuilles de menthe. Entourez d'un cordon de coulis aux fruits rouges et servez.

Pour conserver votre pain, qu'il soit brioché ou non, laissez-le respirer naturellement à l'abri de l'humidité. Gardez-le dans un emplacement réservé à cet effet. Certains boulangers recommandent le bon sac en lin de nos grands-mères. Surtout, bannissez le sac plastique et ne le mettez jamais au réfrigérateur !

Charlotte

aux pommes, croûtons dorés

Préparation : 20 min
Cuisson : 45 min
Matériel : moule à charlotte, fouet, papier absorbant

Ingrédients :

1 pain de mie
1,5 kg de pommes golden
40 g de beurre
50 g de sucre semoule
5 blancs d'œufs
30 g de sucre glace
2 cuillerées à soupe de cognac

Pour le caramel :
20 morceaux de sucre
Amandes grillées et effilées

Des petits moules à charlotte seront aussi très jolis.

Pour 4 à 6 personnes

- Épluchez et épépinez les pommes. Gardez 2 pommes pour la décoration et coupez les autres en fines lamelles.
- Enlevez la croûte du pain et coupez de larges bâtonnets rectangulaires dans la mie, de la taille du moule à charlotte (sans oublier le fond).
- Faites dorer les bâtonnets de pain à la poêle dans 10 g de beurre. Essuyez-les sur du papier absorbant.
- Dans la même poêle, faites dorer les lamelles de pommes avec le reste de beurre et le sucre semoule pendant 10 minutes. Mélangez. Flambez la préparation au cognac.
- Préchauffez le four à 180 °C (th. 6).
- Tapissez le fond et le tour du moule avec les rectangles de pain dorés en les mettant bord à bord (retaillez-les si nécessaire).
- Fouettez les blancs d'œufs avec le sucre glace jusqu'à l'obtention d'une neige ferme et brillante. Mélangez les pommes flambées à la mousse de neige.
- Versez la préparation dans le moule à charlotte, jusqu'aux bords. Refermez la charlotte avec des rectangles de pain (qui feront le fond une fois la charlotte retournée).
- Déposez le moule sur la plaque du four remplie d'eau. Enfournez et faites cuire 30 minutes.
- Laissez refroidir la charlotte puis démoulez en la retournant délicatement sur une assiette.
- Au moment de servir : coupez les 2 pommes réservées en fines lamelles.
- Dans une poêle, faites chauffer les morceaux de sucre avec 2 cuillerées à soupe d'eau. Quand le caramel est de couleur blonde, incorporez les lamelles de pommes et laissez-les fondre pendant 10 minutes. Réservez-les.
- Dans la même poêle, faites griller à sec les amandes effilées.
- Décorez le dessus de la charlotte avec le caramel aux pommes et les amandes grillées.

Jean-Paul Veziano

Les mains de Picasso !

« Antoine, mon grand-père, créa la boulangerie en 1924. Mon père puis moi-même sommes ensuite tombés avec amour dans son pétrin naturel ! » dit Jean-Paul Veziano, au comptoir de sa boulangerie dans le quartier du Safranier, à Antibes. Jean-Paul suit en 1975 les cours des Grands Moulins de Paris et obtient son CAP grâce à M. Guinet, un professeur inoubliable. « Ici, vingt-cinq siècles d'histoire se perpétuent et il est de mon devoir de transmettre aux générations futures ! » dit l'artisan qui vend un pain du jour assorti de recettes et de dictons provençaux. "Dès le lever, voyez le ciel... s'il fait beau et que les étoiles sont dans l'astral... mistral !" Ce qui signifie que ce vent du sud pourra tout emporter et dessécher sur son passage, je parle de la pâte à pain ! » Sur ce point, Jean-Paul reste vigilant : « Je devrai alors ajouter de l'eau aux pétrissages successifs et les recouvrir d'une toile plastique, sans oublier de fermer portes et fenêtres. » À Antibes, si le temps est à la pluie ou nuageux, le boulanger pétrira aussi de manière plus affirmée car, dans la pièce, « l'humidité a son mot à dire ». « Souvenez-vous, dit l'artisan en imitant Pagnol : jadis, les boulangers laissaient une toile d'araignée dans un coin. Pendant leur travail de nuit, ils l'observaient et pouvaient ainsi voir si le vent tournait ! » Le conteur est intarissable... Pas étonnant qu'un jour, il ait reçu, comme le veut la tradition du mariage en Provence, un morceau de levain de « son père boulanger ». Riche de ce cadeau magique, il lui fallut ensuite remplir sa mission de chef de famille. Les pains fabuleux de la boulangerie d'Antibes se déclinent au levain, aux noix, à l'épeautre, mais on y achète aussi des « calices », des « fougassouns » (tourtes aux blettes), des pissaladières, des gressins, des « michettes » à l'huile d'olive ou... « les mains de Picasso », une création personnelle. Côté farines, Jean-Paul en utilise plusieurs types (sans OGM) au gré de ses humeurs. Parfois, il met 3 levains de couleurs différentes pour obtenir « des mies agréables à l'œil ». Pour ce forcené du travail, la journée démarre à 5 h 30 quand il livre ses pains. Joëlle, son épouse, ouvre boutique une demi-heure plus tard. Enfin, sous aucun prétexte, les Veziano au grand cœur n'oublieraient les repas de bienfaisance dans la commune.

BOULANGERIE

Gratinée
de brioche, mangue et pistache

Préparation : 20 min
Cuisson : 25 min
Matériel : 4 moules individuels à gratin, mixeur

Ingrédients :

4 tranches de brioche de la veille
400 g de chair de mangue
80 g de sucre semoule
30 g de pistaches au naturel
3 jaunes d'œufs
4 noisettes de beurre pour les moules
1 gousse de vanille Bourbon
20 cl de crème liquide

À boire

Bergerac, château le Payral, Saussignac, 2005.

Pour 4 personnes

- Préchauffez le four à 150 °C (th. 3).
- Portez la crème liquide à ébullition. Au premier bouillon, retirez la casserole du feu. Faites infuser 5 minutes la gousse de vanille fendue en deux.
- Tapissez chaque moule beurré d'1 tranche de brioche taillée au diamètre du fond du moule.
- Coupez la chair de mangue en lamelles. Déposez-les en rosace sur chaque fond de brioche.
- Mixez les pistaches (gardez-en quelques-unes pour la décoration) avec 30 g de sucre.
- Dans un saladier, fouettez les jaunes d'œufs avec le reste de sucre jusqu'à ce que le mélange blanchisse. Ajoutez la crème chaude (sans la gousse de vanille) tout en continuant de fouetter. Incorporez la poudre de pistaches.
- À l'aide d'une cuillère, étalez la mousse de pistache sur les rosaces de mangue.
- Enfournez les moules et laissez cuire 25 minutes (vérifiez la cuisson avec une pique en bois).
- Décorez les gratinées de quelques pistaches grillées et servez chaud ou froid.

Des mangues surgelées peuvent être utilisées.
La baguette viennoise convient également très bien.

Petites brioches
larmes de chocolat

Préparation : 20 min
Cuisson : 20 min
Matériel : plat à four, fouet, papier d'aluminium

Ingrédients :

5 petites brioches au beurre
60 g de chocolat noir de couverture
10 g de pépites au chocolat
2 jaunes d'œufs
20 g de sucre semoule
1/2 sachet de sucre vanillé
1 cuillerée à soupe de farine tamisée
20 cl de lait
4 noisettes de beurre

Pour 4 personnes

- Préchauffez le four à 180 °C (th. 6).
- Coupez un chapeau à 4 brioches. À l'aide d'une petite cuillère, retirez délicatement la mie. Réduisez en miettes la mie des 4 brioches ainsi que la 5e brioche tout entière.
- Faites fondre le chocolat cassé en morceaux dans une casserole, au bain-marie.
- Dans une autre casserole, portez le lait à ébullition. Retirez du feu au premier bouillon.
- Dans un récipient, fouettez les jaunes d'œufs avec les sucres semoule et vanillé. Quand le mélange est mousseux, incorporez en plusieurs fois la farine tout en continuant de fouetter. Ajoutez le chocolat fondu et mélangez. Versez le lait chaud par-dessus.
- Plongez rapidement la mie des brioches dans la crème au chocolat et retirez-la à l'aide d'une écumoire.
- Avec une petite cuillère, garnissez l'intérieur des 4 brioches de mie imbibée de chocolat. Recouvrez de crème au chocolat. Placez 1 noisette de beurre au cœur de chacune.
- Disposez les brioches garnies dans un plat à four recouvert de papier d'aluminium, en les espaçant. Enfournez et laissez cuire 15 minutes.
- Sortez les brioches du four et répartissez sur chacune les larmes de chocolat (pépites). Remettez les brioches au four en les coiffant de leur chapeau et laissez les pépites au chocolat fondre 5 minutes (couvrez les brioches de papier d'aluminium si elles commencent à trop dorer).
- Servez dès la sortie du four.

Vous pouvez coller au jaune d'œuf des pépites sur les chapeaux des brioches.
Cette recette peut également être réalisée avec une grosse brioche au beurre.

Puddings meringués, confiture à la framboise

Préparation : 5 min
Cuisson : 30 min
Matériel : 4 ramequins (type mini-plats à gratin)

Ingrédients :

80 g de pain de la veille, au choix (ou de brioche)
60 g de sucre semoule
25 g de beurre
+ 4 noisettes pour graisser les ramequins
3 œufs
180 g de confiture à la framboise
Le zeste de 1 citron non traité
40 cl de lait

Pour 4 personnes

- Préchauffez le four à 200 °C (th. 6-7).
- Émiettez le pain. Faites sécher la mie au four, sur une plaque, pendant 10 minutes.
- Dans une casserole, portez le lait à ébullition avec le beurre coupé en morceaux.
- Hors du feu, faites infuser le zeste de citron.
- Séparez les blancs d'œufs des jaunes.
- Dans un récipient, fouettez les jaunes avec la moitié du sucre. Quand ils sont mousseux, versez progressivement le lait bouillant citronné tout en continuant de fouetter. Passez au chinois.
- Beurrez les ramequins. Répartissez les miettes de pain dans le fond de chacun.
- Garnissez les ramequins jusqu'aux trois quarts de crème aux œufs. Réservez-les à température ambiante, le temps que la préparation gonfle un peu.
- Baissez le four à 180 °C (th. 6). Enfournez les ramequins et laissez cuire 25 minutes.
- Pendant ce temps, faites chauffer la confiture dans une petite casserole. Quand les puddings sont cuits, versez une petite quantité de confiture sur le dessus de chacun.
- Fouettez les blancs d'œufs en neige ferme avec le reste de sucre. À l'aide d'une spatule, recouvrez les puddings de blancs en neige. Placez-les sous le gril 3 minutes environ, jusqu'à ce que le dessus soit bien doré.
- Servez les puddings meringués dès la sortie du four.

Pierre Thilloux

Respect et humanité

Pierre Thilloux ou la Fournée d'Augustine aurait pu être le titre d'un roman… mais il s'agit du nom que ce maître artisan a donné à ses enseignes : 4 dans Paris et 2 en banlieue. Pierre Thilloux, 29 ans, fils de boulanger, gagne en 2003 la deuxième place du prix de la Meilleure Baguette de tradition française. Il confirme son talent l'année suivante en montant sur la première marche du podium. Ce prix, organisé par la Mairie de Paris pour valoriser le travail des artisans boulangers, lui ouvre grand les portes. CAP de boulanger-pâtissier et maîtrise de boulangerie en poche, le jeune loup franchit tous les obstacles du parcours de petit mitron. Pétrin, diviseuse, façonneuse, four… il faut dire que papa et maman s'étaient penchés sur son berceau et lui avaient offert une baguette magique ! « Aujourd'hui, nous avons plusieurs magasins mais notre pain n'est pas semi-industriel. À la Fournée d'Augustine, notre pain est minutieusement préparé à la main. »

De bon matin – et parfois le samedi, en compagnie de Jules, son petit garçon –, papa vérifie la parfaite forme de ses pains dans ses boutiques. Quant à ses pains complets, de campagne, aux céréales…, le gourmand met à profit son génie créateur :

« Nous imaginons deux nouveautés de pains spéciaux par jour : aux pignons, aux pruneaux, aux figues, aux olives... J'aime me rendre à Rungis pour acheter des produits frais qui conviendront à nos coups de cœur : tartelettes fraises-framboises... ! » Chez lui, le décor est conçu avec un même esprit tourné vers le passé. « Les meubles de boulanger ont été chinés chez les brocanteurs. Je m'attache aux valeurs anciennes en passant par la modernité ! » La farine de la Fournée d'Augustine provient de son meunier attitré, les Moulins Fouché à la Ferté-Alais. Le week-end, la famille se réunit pour passer un bon moment chez Vincent, son ami meunier. Il faut dire que l'un et l'autre aiment les choses simples de la vie.

La Fournée d'Augustine
Pain de mie
300g
1,60 €
Prix au kg de 5,33 €

Soufflés froids
griottes brioche

Préparation : 45 min
(la veille)
Cuisson : 20 min
Matériel : 2 tasses en porcelaine, fouet, 1 feuille de papier calque, ciseaux, scotch

Ingrédients :

2 cuillerées à soupe de mie de pain brioché
100 g de sucre semoule
2 œufs
1 tasse à café de crème liquide très froide
2 cuillerées à soupe de kirsch
8 griottes avec 1 cuillerée à café de sirop de griotte

Pour 2 personnes

- La veille : préchauffez le four à 200 °C (th. 6-7). Faites sécher la mie de la brioche au four, sur une plaque, pendant 10 minutes. Laissez-la refroidir puis émiettez-la. Déposez les miettes dans un bol avec 6 griottes et le sirop. Réservez au frais.
- Dans le papier calque, découpez 2 bandes de 4 cm de hauteur. Scotchez 1 bande autour de chaque tasse pour faire une collerette.
- Séparez les blancs d'œufs des jaunes.
- Réalisez un premier sirop : dans une casserole, faites chauffer la moitié du sucre avec 1 cuillerée à soupe d'eau pendant 4 minutes environ afin que le mélange devienne sirupeux. Versez sur les jaunes et fouettez jusqu'à ce qu'ils moussent et blanchissent. Ajoutez le kirsch puis les miettes de brioche aux griottes.
- Montez les blancs d'œufs en neige ferme.
- Réalisez un second sirop, comme le premier, avec le reste de sucre. Versez-le sur les blancs en neige.
- Dans un récipient froid, fouettez la crème liquide en chantilly. À l'aide d'une spatule, mélangez-la aux blancs en neige en soulevant délicatement la masse.
- Avec une petite cuillère, garnissez le fond des tasses de mousse jaune à la mie briochée et aux griottes. Recouvrez de mousse blanche sucrée en vous arrêtant à 1 cm du bord de la collerette.
- Placez 1 griotte sur le dessus de chaque tasse. Réservez les soufflés au congélateur.
- Le jour même : sortez les soufflés du congélateur et enlevez délicatement les collerettes. Essuyez le bord des tasses si la mousse a débordé.

Vous pouvez préparer les soufflés avec des fruits rouges frais. Les griottes peuvent être remplacées par des cerises confites.

Déjeuner sur l'herbe, compotée de pommes, croûtons de baguette

Préparation : 15 min
Cuisson : 1 h 30
Matériel : 4 ramequins (en terre), film alimentaire, nappe à carreaux et... panier pique-nique !

Ingrédients :

50 rondelles de baguette parisienne
1 cuillerée à soupe d'huile d'olive

Pour la compotée :
400 g d'oignons doux
400 g de pommes golden
50 g de raisins de Corinthe
1 cuillerée à soupe de concentré de tomates
2 cuillerées à café de vinaigre de vin
5 cl d'huile d'arachide
1 cuillerée à café de sucre roux
1 pincée de coriandre en poudre
2 brindilles de thym
1 feuille de laurier
5 baies roses concassées
1 pincée de sel

À boire

Côtes-du-Rhône, domaine du Grand Bécassier, 2007.

Pour 4 personnes

• Préparez la compotée : épluchez les oignons et les pommes. Coupez-les en petits morceaux. Mettez le tout dans une casserole. Ajoutez le reste des ingrédients et recouvrez d'eau froide. Faites chauffer à feu doux pendant 1 h 30 pour que le mélange épaississe, en remuant de temps à autre avec une spatule en bois (ajoutez un peu d'eau si nécessaire). Retirez le laurier et le thym à la fin de la cuisson. Laissez refroidir.
• Répartissez la compotée dans les ramequins. Recouvrez-les de film alimentaire.
• Faites griller les rondelles de baguette au four à 210 °C (th. 7) pendant 10 minutes. Badigeonnez-les légèrement d'huile d'olive.
• Servez les ramequins de compotée avec les croûtons dorés : chacun les tartinera à sa guise.

Servez la compotée avec des tranches de rôti de porc froid.

Goûter de 4 heures, chocolat noir-carambar, pain de seigle

Pour 4 personnes

Préparation : 15 min
Cuisson : 50 min
Matériel : plat creux, moule à cake, fouet, petit bocal en verre, papier d'aluminium

Ingrédients :

1 pain de seigle de la veille
100 g de chocolat noir
100 g de pépites de chocolat
12 carambars
5 œufs
3 cuillerées à soupe de sucre semoule
1 gousse de vanille Bourbon
1 noix de beurre pour le moule
50 cl de lait
20 cl de crème liquide

- Coupez le pain en petits morceaux (avec ou sans la croûte). Mettez-les dans un plat creux.
- Dans une casserole, portez le lait à ébullition. Au premier bouillon, retirez la casserole du feu et faites infuser la gousse de vanille fendue en deux et grattée pendant 10 minutes.
- Ôtez la gousse de vanille et versez le lait parfumé sur le pain. Laissez gonfler. Pressez le pain dans une passoire fine. Réservez le lait vanillé.
- Dans une casserole au bain-marie, faites fondre le chocolat cassé en morceaux.
- Fouettez les œufs dans un récipient avec le sucre semoule. Quand le mélange est mousseux, incorporez le chocolat fondu. Ajoutez les morceaux de pain imbibés et mélangez. Versez le lait vanillé par-dessus tout en tournant (la consistance doit être épaisse).
- Préchauffez le four à 190 °C (th. 6-7).
- Garnissez un moule à cake beurré de pudding au chocolat, jusqu'à la moitié. Parsemez la surface de pépites de chocolat. Ajoutez l'autre moitié de pudding, puis le reste des pépites.
- Enfournez et laissez cuire 50 minutes (couvrez le moule de papier d'aluminium si les pépites grillent trop vite).
- Préparez la crème au carambar : dans une petite casserole, faites fondre, à feu doux, les carambars avec la crème en tournant pendant 5 minutes. Retirez la casserole du feu quand le mélange est lisse et brillant. Versez la crème au carambar dans un petit bocal en verre et laissez refroidir.
- Au moment de servir : faites refroidir le pudding sur une grille. Coupez-le en tranches épaisses. Accompagnez de crème au carambar dans son bocal.

Tiramisu
à l'orange

Préparation : 15 min (la veille)
Matériel : plat creux rectangulaire, fouet, râpe à zeste

Ingrédients :
250 g de mascarpone
125 g de brioche de la veille
50 g de sucre semoule
2 gros œufs
1 orange non traitée
1 cuillerée à soupe rase de cacao en poudre
1 cuillerée à soupe de liqueur d'orange
1 cuillerée à café de marsala

Pour la décoration :
Quelques quartiers d'orange fraîche
Feuilles de menthe

Pour 4 personnes

- La veille : lavez et essuyez l'orange. Râpez le zeste.
- Séparez les blancs d'œufs des jaunes.
- Dans un récipient, fouettez les jaunes avec le sucre jusqu'à ce que le mélange devienne mousseux. Ajoutez le mascarpone puis le zeste d'orange.
- Fouettez les blancs en neige ferme. À l'aide d'une spatule, incorporez-les délicatement aux jaunes en soulevant la masse de bas en haut.
- Mélangez la liqueur d'orange avec 1 cuillerée à soupe d'eau et le marsala. Ajoutez la brioche émiettée dans ce mélange et remuez pour bien l'imbiber.
- Tapissez le fond du plat avec la moitié de la mie de brioche imbibée. Recouvrez d'une couche de préparation au mascarpone. Ajoutez l'autre moitié de brioche. Étalez le reste de crème au mascarpone. Lissez le dessus avec une spatule. Réservez le tiramisu au réfrigérateur.
- Le jour même : sortez le tiramisu 30 minutes avant de servir. Coupez des tranches rectangulaires ou carrées. Saupoudrez-les de cacao en poudre.
- Décorez chaque part de quartiers d'orange et de feuilles de menthe.

Tongs

mousse choco, lanières d'oranges confites

Préparation : 20 min
(la veille pour la mousse)
Cuisson : 2 min
Matériel : fouet, film alimentaire, forme en carton épousant une semelle de chaussure taille fillette

Ingrédients :
1 brioche dorée
250 g de chocolat noir de couverture
4 œufs
60 g de lamelles d'oranges confites ou cristallisées (épiceries fines)
40 g de sucre vanillé
25 cl de crème liquide très froide
1 cuillerée à soupe de liqueur d'orange

Pour 4 personnes

• La veille : préparez la mousse au chocolat. Faites fondre le chocolat cassé en morceaux dans une casserole, au bain-marie.

• Séparez les blancs d'œufs des jaunes. Dans un récipient, fouettez les jaunes avec le sucre vanillé. Quand le mélange est blanc et mousseux, incorporez-le au chocolat fondu. Ajoutez la liqueur d'orange et mélangez.

• Montez les blancs en neige ferme. Réservez-les 5 minutes au réfrigérateur.

• Fouettez la crème liquide en chantilly. Mélangez-la à la préparation au chocolat. À l'aide d'une spatule, incorporez délicatement les blancs en neige. Réservez la mousse au réfrigérateur couverte de film alimentaire.

• Le jour même : dans la brioche, coupez 4 tartines de 1,5 cm d'épaisseur. À l'aide de la forme en carton, découpez dans chaque tartine 4 semelles de chaussure.

• Sortez la mousse au chocolat du réfrigérateur. Avec une spatule souple, étalez une couche de mousse au chocolat sur la surface des tongs briochées en laissant une partie à la pointe qui imite la bride. Disposez les lamelles d'oranges confites en arc de cercle sur la bride.

La mousse choco doit être ferme. Vous pouvez ajouter sur la bride des « pierreries » sucrées, réalisées avec des confiseries. Pour les enfants, remplacez la liqueur d'orange par du jus d'orange.

Croûtes

moelleuses aux pruneaux, pain de mie

Préparation : 10 min
Cuisson : 15 min
Matériel : 2 plats creux

Ingrédients :

2 tranches de pain de mie
80 g de pruneaux d'Agen dénoyautés
30 g de beurre
25 g de sucre semoule
2 œufs
1 bâton de cannelle
1 cuillerée à café de Maïzena®
1 cuillerée à soupe de sucre glace
10 cl de lait
1 cuillerée à soupe de rhum agricole

Pour 2 personnes

• Préchauffez le four à 200 °C (th. 6-7).

• Faites sécher les tranches de pain de mie au four, sur une plaque, pendant 10 minutes.

• Dans une casserole, portez le lait à ébullition. Au premier bouillon, retirez la casserole du feu. Versez le rhum dans le lait. Incorporez les pruneaux et le bâton de cannelle. Laissez infuser 5 minutes à couvert. Retirez les pruneaux et la cannelle.

• Déposez les tranches de pain dans un plat creux. Versez le lait parfumé par-dessus. À l'aide d'une écumoire, retirez les tranches de pain quand elles sont moelleuses et pressez-les légèrement. Disposez-les dans un autre plat creux. Réservez le reste de lait parfumé.

• Séparez les blancs d'œufs des jaunes. Dans un récipient, fouettez les jaunes avec le sucre semoule et la Maïzena®. Incorporez le lait parfumé et fouettez encore quelques minutes.

• Montez les blancs en neige ferme. À l'aide d'une spatule, incorporez-les délicatement aux jaunes d'œufs parfumés.

• Versez la crème mousseuse aux œufs sur les tranches de pain.

• Faites mousser le beurre dans une poêle puis faites dorer le pain perdu, à feu doux, 3 minutes sur chaque face en ajoutant quelques pruneaux.

• Au moment de servir : saupoudrez les croûtes de pain perdu aux pruneaux de sucre glace. Servez-les chaudes ou froides.

Croûtes

aux pêches de vigne, pain brioché

Préparation : 15 min
Cuisson : 20 min
Matériel : plat creux, fouet, emporte-pièce de 8 cm de diamètre, papier d'aluminium

Ingrédients :
1 pain brioché de forme rectangulaire
4 pêches de vigne parfumées
80 g de sucre semoule
1 sachet de sucre vanillé
30 g d'amandes grillées et effilées
2 œufs
10 cl de crème fleurette
1 cuillerée à café de Maïzena®
1 cuillerée à soupe de sucre glace

Pour 2 personnes

• Dans le pain brioché, taillez 4 tranches rectangulaires de 1,5 cm d'épaisseur. À l'aide de l'emporte-pièce, faites 1 cercle au milieu de chaque tranche.
• Pelez les pêches de vigne. Coupez-les en deux et dénoyautez-les. Mettez-les dans une casserole, le côté plat des fruits posé contre le fond du récipient, avec 30 g de sucre semoule. Faites-les caraméliser de chaque côté. Retirez-les à l'aide d'une spatule et réservez-les sur une assiette plate.
• Préchauffez le four à 220 °C (th. 7-8).
• Dans une casserole, portez la crème fleurette à ébullition. Retirez la casserole du feu au premier bouillon.
• Dans un récipient, fouettez les œufs avec le sucre vanillé, le reste de sucre semoule et la Maïzena®. Versez la crème chaude par-dessus. Incorporez les amandes grillées et fouettez 5 minutes.
• Dans un plat creux, disposez les 4 cercles briochés. Versez la crème aux œufs en filet par-dessus afin de bien les imbiber. Retournez-les et recommencez l'opération.
• Disposez sur chaque cercle de brioche 1 pêche de vigne caramélisée.
• Enfournez le plat et laissez cuire 20 minutes (couvrez de papier d'aluminium si les croûtes commencent à trop colorer).
• Déposez les croûtes aux pêches sur des assiettes à dessert. Accompagnez d'une crème anglaise.

Pain gagné

au quatre-épices*, valeur durable

Préparation : 5 min
Cuisson : 5 min

Pour 4 personnes

• Préchauffez le four à 180 °C (th. 6).

• Dans une casserole, faites chauffer la farine et le beurre sans cesser de remuer. Dans une autre casserole, faites bouillir le lait avec 30 g de sucre et la pincée de sel. Hors du feu, versez le lait bouillant sucré sur le mélange farine-beurre en fouettant afin que le tout soit parfaitement homogène.

• Trempez les tranches de pain dans le mélange 2 minutes. Sortez-les avec une écumoire, égouttez-les et pressez-les légèrement.

• Faites chauffer l'huile dans une poêle et faites dorer les tranches de pain de chaque côté. Réservez-les sur la grille chaude du four.

• Dans un plat, mélangez le reste de sucre au quatre-épices. Imbibez le pain perdu de chaque côté. Tapotez pour en retirer l'excédant.

Ingrédients :

8 petites tranches de pain brioché de la veille
120 g de farine
110 g de sucre semoule
1 pincée de mélange quatre-épices
4 œufs
50 cl de lait
60 g de beurre ramolli
1 cuillerée à soupe d'huile d'arachide
1 pincée de sel

À boire

Domaine Pouderoux, cuvée vendange, Maury AOC, 2007.

Le pain est une valeur durable puisqu'il se réutilise le lendemain et même le surlendemain ! Pain perdu ? Non, pain gagné !

* Recette élaborée sur les conseils de Jean-Pierre Crouzet, président de la Confédération nationale de la boulangerie et de la boulangerie-pâtisserie française.

Alexandre et Magaly Figard

La gourmandise d'abord !

Alors qu'il n'a pas encore 10 ans, Alexandre Figard, fils de garde-chasse national, s'intéresse au métier de boulanger. En vérité, c'est grâce à la boulangerie de Filain, dans la Haute-Saône, quand sort une fournée de pains parfumés, qu'il se fait envoûter... Les boulangers le sachant curieux lui proposent de venir pétrir la pâte... et c'est parti ! Alexandre s'y rend chaque dimanche matin. Son oncle et sa tante, boulangers en Haute-Savoie, apprennent la nouvelle avec joie et l'invitent à parfaire sa formation lors des vacances scolaires. À la fin de la classe de 3e, le jeune garçon s'oriente vers un CAP de boulanger puis un BEP avec la mention « spécialité boulangerie ». Brevet professionnel en poche, Alexandre file vers un brevet de maîtrise. Major à toutes les promotions, il se pique à passer différents concours professionnels qu'il réussit brillamment.

À Venise, village situé à un quart d'heure de Besançon, Alexandre et Magaly Figard s'en donnent à cœur joie à La Gourmandise (nom de leur boulangerie). Une fois le pain fabriqué, ils le livrent en compagnie de Sonia, la vendeuse. Dès 7 heures, la camionnette s'arrête dans les dépôts de pain et les écoles avant de se rendre vers 7 villages. « Notre clientèle est variée, il y a des personnes âgées qui veulent leur pain à l'ancienne, blanc, alvéolé et bien cuit. Ces gens-là ont dans leur poche la monnaie exacte. Il y a une clientèle plus jeune qui aime les nouveautés au levain ou aux graines et qui est moins regardante sur les prix. Enfin, il y a les « bio », exigeants quant à l'aspect santé, qui aiment le pain complet ou le seigle. « Pour eux, j'ai fabriqué un pain avec de la farine complète, type 110, écrasée à la meule de pierre, et du sel de Guérande », dit Alexandre à l'affût de délicieuses nouveautés. La « Laurinette » ou la « Figarette » en sont un bon exemple.

Les amoureux de ses pains attendent sa prochaine création. Alexandre a déjà une idée en tête. On chuchote même qu'elle verrait le jour l'été prochain...

Pain long
1,05€
Baguette
0,85€

Baguette
magique parisienne, noix de coco

Préparation : 10 min
(la veille)
Cuisson : 5 min
Matériel : mixeur

Ingrédients :
½ baguette parisienne
2 jaunes d'œufs
25 g de sucre semoule
+ 2 cuillerées à soupe pour le caramel
½ sachet de sucre vanillé
1 cuillerée à soupe de farine tamisée
25 cl de crème liquide
25 g de beurre
1 grosse cuillerée à soupe de liqueur de Malibu®
2 cuillerées à soupe de noix de coco râpée

Pour 4 personnes

• La veille : préchauffez le four à 200 °C (th. 6-7). Coupez la baguette en rondelles. Faites-les sécher au four, sur une plaque.

• Dans le bol d'un mixeur, mettez les jaunes d'œufs, les sucre semoule et vanillé. Donnez 2 tours de mixeur puis incorporez la farine, la crème liquide et la liqueur. Mixez à nouveau.

• Versez le mélange dans un plat creux. Disposez les rondelles de baguette dans le mélange. Retournez-les au bout de 5 minutes. Réservez-les dans la préparation au réfrigérateur.

• Le jour même : à l'aide d'une écumoire, sortez les rondelles de baguette imbibées.

• Préparez un caramel : faites chauffer une poêle à sec. Saupoudrez-la de 2 cuillerées à soupe de sucre. Ajoutez le beurre en petits morceaux et tournez à l'aide d'une spatule jusqu'à ce qu'un caramel blond se forme.

• Déposez dans la poêle, en les espaçant, les rondelles de baguette crémeuses. Retournez-les délicatement avec une spatule plate.

• Au moment de servir : roulez les rondelles de baguette magique dans la noix de coco.

• Dégustez immédiatement ou réservez 2 minutes dans le four chaud.

« En errant dans la forêt, Hänsel et Gretel frappent à la porte d'une maison en pain. Sur leur chemin, ils avaient donné des miettes aux oiseaux... »

Conte allemand réadapté par les frères Grimm.

Grosses cuillères
de pain perdu au café

Préparation : 15 min
Cuisson : 15 min
Matériel : 6 grosses cuillères à soupe en porcelaine

Ingrédients :

400 g de mie de pain brioché de la veille
5 œufs
30 g de sucre semoule
30 g de beurre ramolli
1 gousse de vanille Bourbon
50 cl de lait
1 cuillerée à soupe de café très fort
1 cuillerée à café de sucre glace (pour la décoration)

Pour 6 personnes

- Préchauffez le four à 200 °C (th. 6-7).
- Réduisez en miettes la mie de pain et faites-la sécher au four, sur une plaque, pendant 10 minutes.
- Dans une casserole, portez le lait à ébullition. Retirez-le du feu au premier bouillon. Faites infuser dans le lait la gousse de vanille fendue en deux et grattée de ses graines pendant 5 minutes.
- Dans un plat creux, versez le lait vanillé (sans la gousse) sur la mie de pain . Laissez-la gonfler 5 minutes.
- Dans un récipient, fouettez les œufs avec le sucre semoule jusqu'à ce que le mélange soit mousseux. Incorporez-les à la préparation briochée à l'aide d'une spatule. Versez le café et mélangez.
- À l'aide d'une grande cuillère, formez des quenelles de pain perdu en tassant bien la pâte d'un côté et de l'autre.
- Faites mousser le beurre dans la poêle, puis faites dorer les quenelles 3 minutes de chaque côté.
- Au moment de servir : placez 1 quenelle de pain perdu au café dans chaque cuillère en porcelaine. Saupoudrez le dessus d'un peu de sucre glace.

Servez les grosses cuillères de pain perdu avec de la confiture, de la crème anglaise ou une chantilly.

Le Poo-dessert
à la vanille

Préparation : 15 min
Cuisson : 50 min
Matériel : 4 ramequins à four, fouet

Ingrédients :

75 g de baguette viennoise de la veille
110 g de sucre semoule
25 g de raisins blonds
2 œufs entiers + 1 jaune
1 gousse de vanille Bourbon
35 cl de lait
2 cuillerées à soupe de liqueur d'orange
4 cerises confites (facultatif)
1 noix de beurre pour les ramequins

Pour 2 personnes

- Préchauffez le four à 180 °C (th. 6).
- Dans un bol, faites gonfler les raisins blonds dans la liqueur d'orange.
- Dans une casserole, portez le lait à ébullition. Retirez-le du feu au premier bouillon. Faites infuser dans le lait la gousse de vanille fendue en deux et grattée de ses graines pendant 5 minutes.
- Dans un récipient, fouettez les œufs entiers et le jaune avec 100 g de sucre jusqu'à ce que le mélange devienne mousseux. Versez le lait vanillé (sans la gousse) progressivement sur la mousse, tout en tournant. Incorporez les raisins avec la liqueur d'orange.
- Beurrez les ramequins et saupoudrez le fond avec le reste de sucre.
- Coupez la baguette viennoise en petits morceaux. Répartissez-les dans chaque ramequin. Recouvrez de crème parfumée.
- Disposez les ramequins dans la plaque du four remplie d'eau jusqu'à mi-hauteur. Enfournez et laissez cuire 30 minutes.
- Ôtez les ramequins du four et placez sur le dessus de chacun 1 cerise confite. Remettez-les au four encore 20 minutes (vérifiez de temps à autre qu'il reste de l'eau dans la plaque).
- Servez le Poo-dessert chaud ou tiède.

La baguette viennoise peut être remplacée par des petits pains au lait. Une crème anglaise accompagne ce délicieux dessert.

Didier Bonneau

Le pain est à cœur !

« Je n'ai jamais envisagé de faire autre chose que d'être boulanger, même une fois sorti d'un apprentissage de pâtissier chez monsieur Fléchou à Montignac ! » Il faut dire que Didier Bonneau, artisan boulanger à Sarlat, a fait ses premiers pas dans un fournil ! Il est né à Domme, un petit village perché au-dessus de la vallée de la Dordogne, où papa est boulanger et maman, receveuse des postes. Le grand four à bois de la boulangerie marque son enfance, ce n'est donc pas innocent s'il s'en sert aujourd'hui d'une main de maître. « Le pain cuit dans ce type de four demande des qualités physiques, il faut vraiment être aguerri pour s'en servir... Ma nuit de travail commence à minuit : je coule ma fournée, j'incorpore le sel, la farine et le

levain naturel. Je mets mes fagots dans le four encore chaud de la veille pour finir de les sécher. L'eau du coulage de mon pain doit être tiède. » Pour rappeler le pain des anciens, Didier « pétrit mou ». Le choix des farines, la méthode de fabrication et le respect du temps de repos feront « sa cerise sur le gâteau », quand il sortira le pain doré du four. En espérant le résultat, l'artisan boulanger jette un œil aux « ouras » – tiges de fer qui ouvrent et referment la cheminée – pour s'assurer du bon fonctionnement. Les clients de Didier Bonneau ont la chance de trouver chez lui le pain qu'ils aiment et qui les fait revenir au quotidien. « Nous créons une grande variété de pains spéciaux, mais les Périgourdins sont accros à leur tourte ! » dit le perfectionniste, l'œil rieur. Sur ces mots, un touriste pousse la porte et demande une fougasse à l'occitane (réalisée avec du magret fumé et des noix). « Je suis fier de mon travail. Celui qui connaît la pénibilité du métier pour parvenir à réaliser ce pain d'antan et qui vous complimente, cela vaut tous les salaires ! » Et de conclure : « J'ai choisi l'excellence et il ne me viendrait pas à l'idée de voir autrement, j'aurais l'impression d'avoir perdu mon âme ! »

Cœurs briochés

Saint-Valentin express

Préparation : 15 min (la veille)
Cuisson : 10 min
Matériel : 2 moules individuels en forme de cœur, 2 assiettes à dessert, fouet, mixeur

Ingrédients :

40 g de brioche de la veille
2 grappes de groseilles
4 pralines rouges
10 g de noix finement hachées
1 tasse à café de crème fraîche épaisse
20 g de sucre semoule
2 feuilles de menthe
½ cuillerée à café d'huile d'arachide pour les moules

Pour 2 personnes

- La veille : préchauffez le four à 200 °C (th. 6-7). Retirez la croûte de la brioche. Faites sécher la mie au four, sur une plaque, pendant 10 minutes. Émiettez-la.
- Dans un récipient, fouettez la crème fraîche avec le sucre. Ajoutez les miettes de brioche puis les noix hachées.
- Huilez les moules et garnissez-les de préparation aux noix. Réservez-les au congélateur.
- Le jour même : 30 minutes avant de servir, sortez les Saint-Valentin du congélateur. Démoulez-les sur de jolies assiettes (pour plus de facilité, placez le fond des moules 1 minute dans l'eau chaude).
- Coiffez vos Saint-Valentin de pralines rouges, de groseilles et d'1 feuille de menthe.

À boire

Champagne Taittinger millésimé !

Réalisez un glaçage rapide en mélangeant 1 cuillerée à soupe d'eau avec 2 cuillerées à soupe de sucre glace. Chauffez le mélange jusqu'à l'obtention d'un sucre fondant et nappez-en le dessus de vos Saint-Valentin. Vous pouvez remplacer les noix par des noisettes ou des amandes effilées et grillées.

Tartinettes

en rouge et blanc, pain de campagne

Préparation : 15 min
Cuisson : 10 min

Ingrédients :

1 pain de campagne
300 g de fromage blanc (acheté chez le crémier)
250 g de fruits rouges surgelés (framboises, fraises, myrtilles...)
3 blancs d'œufs
50 g de sucre semoule
1 cuillerée à soupe de sucre roux

Pour 4 personnes

• Préchauffez le four à 200 °C (th. 6-7).

• Faites décongeler les fruits rouges dans un égouttoir, à température ambiante. Faites-les suer dans une poêle. Quand le mélange est sec, ajoutez le sucre semoule dans la poêle et faites caraméliser les fruits.

• Coupez le pain de campagne en deux, dans la longueur. Taillez de larges bâtonnets. Faites-les griller 10 minutes au four. Laissez refroidir sur une grille.

• Montez les blancs d'œufs en neige ferme avec le sucre roux.

• Mettez le fromage blanc dans un récipient. À l'aide d'une spatule, incorporez délicatement les blancs en neige sucrés.

• Au moment de servir : nappez les tartinettes de fromage blanc crémeux. Coiffez-les de fruits rouges caramélisés.

Des fruits frais de saison seront très appréciés.

Tartouillettes

confiture de lait, glace à la vanille, pistaches, pain aux céréales

Préparation : 30 min (la veille) + 2 fois 30 min pour l'infusion de la vanille + prise en glace
Cuisson : 30 min
Matériel : fouet, sorbetière, film alimentaire, cuillère à glace

Ingrédients :

1 pain aux céréales

Pour la confiture de lait :
1 litre de lait
500 g de sucre semoule
2 gousses de vanille
100 g de pistaches mondées et grillées

Pour la glace à la vanille :
50 cl de lait entier
130 g de sucre semoule
6 jaunes d'œufs
15 cl de crème liquide
2 gousses de vanille
20 g de pistaches mondées et grillées

Pour 4 personnes

• La veille : préparez la confiture de lait. Fendez 1 gousse de vanille en deux et raclez les graines. Coupez la seconde gousse en 4 petits bâtons. Dans une casserole, portez le lait à ébullition. Hors du feu, faites infuser, à couvert, les graines et les bâtonnets de vanille pendant 30 minutes. Ôtez les bâtons de vanille, passez-les sous l'eau, essuyez-les et réservez-les pour la décoration.

• Remettez le lait vanillé à chauffer sur feu doux. Ajoutez le sucre et mélangez. Laissez cuire jusqu'à l'obtention d'une confiture épaisse et dorée. Incorporez les pistaches grillées. Réservez à température ambiante.

• Préparez la glace à la vanille : fendez les gousses de vanille en deux et raclez les graines.

• Dans une casserole, portez le lait à ébullition. Hors du feu, faites infuser, à couvert, les graines de vanille pendant 30 minutes.

• Dans un récipient, fouettez les jaunes d'œufs avec le sucre jusqu'à ce que le mélange mousse. Versez le lait vanillé en filet sans cesser de fouetter. Remettez sur feu doux. Laissez chauffer en tournant constamment jusqu'à ce que la crème nappe la spatule. Retirez la casserole du feu avant la première ébullition et laissez totalement refroidir. Incorporez la crème liquide en mélangeant bien. Versez la préparation dans une sorbetière et faites-la turbiner au congélateur.

• Le jour même : dans le pain aux céréales, coupez 4 belles tranches.

• Sortez la glace du congélateur. À l'aide d'une cuillère à glace, formez de jolies boules. Disposez-les sur l'extrémité des tranches de pain. Placez à côté 1 cuillerée de confiture de lait. Décorez avec 1 bâtonnet de vanille et quelques pistaches grillées. Servez sans attendre.

Sortez la glace à la vanille du congélateur 10 minutes avant de servir pour qu'elle soit moelleuse. Vous pouvez faire légèrement griller les tranches de pain.

La Routie

Préparation : 3 min
Cuisson : 3 min
Matériel : 2 tasses

Ingrédients :
2 petites tartines de pain au choix
25 cl de vin rouge
2 cuillerées à café de sucre semoule
2 bâtonnets de cannelle

Pour 2 personnes

- Dans une casserole, portez à ébullition le vin avec le sucre. Au premier bouillon, retirez-le du feu. Faites infuser la cannelle.
- Toastez rapidement les tartines au grille-pain. Déposez-les dans le fond des tasses. Versez le vin chaud parfumé par-dessus en laissant les bâtonnets de cannelle (c'est aphrodisiaque !).

En Sologne, le lendemain des noces, on sert aux jeunes mariés un breuvage qui a pour nom « Routie ». À Bergerac, chez Elisabeth Vidal au château La Borderie, le breuvage se nomme « Dodin et Dodue »... Voici deux charmantes recettes, à consommer avec modération !

Dodin et Dodue

Préparation : 3 min
Cuisson : 5 min

Ingrédients :
2 tranches de pain au choix
2 œufs
2 cuillerées à soupe de vin de Monbazillac
25 cl de lait
1/2 sachet de sucre vanillé
1 cuillerée à soupe de sucre glace
1 cuillerée à café d'huile d'arachide

Pour 2 personnes

- Dans un bol, fouettez le lait avec le sucre vanillé.
- Dans un autre bol, fouettez les œufs avec le vin.
- Trempez les tranches de pain dans le premier bol puis dans le second (elles doivent être bien imbibées).
- Faites chauffer l'huile dans une poêle et faites dorer les tranches de pain perdu de chaque côté. Égouttez-les sur du papier absorbant. Saupoudrez de sucre glace.

Viennoise

foie gras tout coco, compotée de mangue-vanille*

Préparation : 25 min (la veille pour les sorbets)
Cuisson : 4 min pour les escalopes de foie gras, 20 min pour la compotée
Matériel : sorbetière, 4 assiettes creuses, cuillère à glace

Pour 2 personnes

• La veille, préparez le sorbet coco : dans une casserole, faites bouillir le lait de coco avec 15 cl d'eau et le sucre semoule. Au premier bouillon, retirez-le du feu et laissez refroidir. Versez le mélange dans la sorbetière et faites turbiner au congélateur.

• Le lendemain : émiettez finement la brioche et faites-la sécher au four. Mélangez les miettes avec la noix de coco râpée.

• Retirez les petites veines des escalopes de foie gras. Fouettez l'œuf dans un bol et plongez rapidement les escalopes dedans.

• Panez les escalopes de foie gras dans le mélange noix de coco-brioche. Tapotez-les pour retirer l'excédent. Réservez-les sur une assiette au réfrigérateur.

• Épluchez la mangue et coupez-la en petits dés. Mettez-les dans une casserole avec 10 cl d'eau et la moitié de la cassonade. Faites compoter à feu doux pendant 20 minutes. Fendez en deux la gousse de vanille et grattez les graines au-dessus de la casserole. Laissez le mélange chauffer pendant 5 minutes. Retirez la gousse de vanille.

• Au moment de servir : sortez les escalopes de foie gras du réfrigérateur. Faites fondre le beurre dans une poêle. Déposez les escalopes panées et faites cuire chaque face saupoudrée de cassonade pendant 2 minutes (le foie gras doit être chaud à cœur et caramélisé à l'extérieur).

• Sortez le sorbet du congélateur. Déposez un peu de compotée de mangue dans le fond des assiettes. Dressez le foie gras poêlé avec une belle quenelle de sorbet noix de coco. Saupoudrez de fleur de sel et décorez avec une pincée de sucre glace.

Ingrédients :

100 g de brioche de la veille
4 escalopes de foie gras cru de 100 g chacune
100 g de noix de coco râpée
10 g de beurre
50 g de sucre cassonade
1 mangue mûre
1 œuf
1 pincée de fleur de sel
1 gousse de vanille Bourbon
1 cuillerée à café de sucre glace

Pour le sorbet :
20 cl de lait de coco
50 g de sucre semoule

À boire

Porto blanc,
Lagrima de Ramos.

* Recette élaborée sur les conseils du chef Vincent Lucas.

PORTRAIT DE BOULANGER Véronique Mauclerc

« Du pain au kilo pour mes clients rois ! »

« Dans Paris, je suis "la boulangère de Crimée", dit Véronique Mauclerc, 36 ans, maître artisan boulanger, propriétaire de deux boulangeries situées, l'une, près des Buttes-Chaumont et l'autre – acquise récemment – rue Poncelet. Inscrite au registre des Monuments historiques, la boulangerie de Crimée date de 1920 et vaut à elle seule le détour. Véronique se trouve là justement et s'apprête à enfourner avec la pelle plusieurs pains spéciaux dans son four à bois vieux de cent cinq ans. « Ce four chauffe de l'intérieur au minimum deux heures par nuit grâce à son gueulard (pièce qui assure la chauffe)... Je n'y mets que du bois de chêne et de hêtre, qui ne fait pas de cendres », dit la boulangère impatiente de voir sortir le pain croustillant et parfumé. Soixante sortes de pains spéciaux bio sont fabriqués chaque jour :

aux fruits secs, aux épices, aux châtaignes corses AOC, au kamut (blé ancien égyptien), au quinoa… Le « Mickagui » avec des éclats de nougatine, au bon goût fumé, fait partie de ses favoris. Comme pour le reste du bataillon, ce pain parfait se tiendra sur les rayons façon grand-mère. « J'invente des recettes, et Guillaume, le boulanger, les adapte techniquement. » La fouace colorée aux pistils de safran, aux olives, aux noix ou à la cannelle se conserve aussi longtemps que les autres, voilà encore un bon signe ! « Le goût provient souvent des ingrédients, et le levain naturel remplace la levure. Je mets en pousse la veille pour le lendemain et je surveille ! » dit la pionnière de la boulange en France. Brevet et maîtrise en poche, Véronique Mauclerc songe avec nostalgie à son papa qui la fit grandir dans ce métier passionnant. Et à voix haute, elle formule un rêve : « Papa, je vais sûrement t'amuser, mais maintenant j'aimerais filer loin sur une barge et me laisser guider au fil de l'eau avec mon matériel de boulangère ! »

RAISINS. NOIX
T65 bio, seigle bio
9,30€/1kg

LUPIN
MARTIN

Beignets de carnaval en robe de mie

Préparation : 15 min
+2 h de repos pour la pâte
Cuisson : 2 min
Matériel : bassine à friture, fouet, pinceau, papier absorbant, film alimentaire

Ingrédients :

1 cuillerée à soupe de mie de pain
2 œufs entiers + 1 jaune
1 orange non traitée
1 citron non traité
2 tasses de farine tamisée
15 g de levure boulangère
2 cuillerées à soupe de sucre semoule
1 cuillerée à café de vanille liquide
1 tasse à café de crème fleurette
2 cuillerées à soupe d'huile d'arachide
1 litre d'huile de friture

Pour 4 à 6 personnes

- Préchauffez le four à 200 °C (th. 6-7). Faites sécher la mie de pain au four, sur une plaque. Réduisez-la en fine chapelure.
- Préparez la pâte à beignets : dans un récipient, fouettez les œufs entiers avec l'huile d'arachide. Versez la crème fleurette et la vanille. Incorporez la levure, la farine et le sucre. Mélangez jusqu'à l'obtention d'une pâte souple et élastique. Divisez la pâte en deux parts égales et placez chacune dans un bol.
- Prélevez les zestes de l'orange et du citron. Mettez chaque zeste dans un bol de pâte. Pétrissez la pâte du bout des doigts pendant 5 minutes. Formez 2 boules, enveloppez-les de film alimentaire et réservez-les à température ambiante pendant 2 heures minimum (elles vont tripler de volume).
- Avec chaque pâte, façonnez des petites boules de 2 cm de diamètre.
- Faites chauffer l'huile de friture (elle ne doit pas fumer). Plongez les beignets par lots successifs et laissez-les dorer. Retirez-les à l'aide d'une écumoire et essuyez-les sur du papier absorbant.
- Avec un pinceau, badigeonnez légèrement les beignets de jaune d'œuf battu. Roulez-les ensuite dans la mie de pain émiettée.
- Préchauffez le four à 160 °C (th. 5-6).
- Disposez les beignets dans un plat et faites-les réchauffer au four 1 minute.

Pommes
à l'envers, brioche et caramel

Préparation : 30 min
Cuisson : 30 min
Matériel : 4 petits moules à manqué, 4 assiettes à dessert, couteau électrique ou à pain, 4 cuillères à soupe de couleurs différentes

Ingrédients :

1 brioche au beurre
1 kg de pommes golden
7 cuillerées à soupe de sucre roux
1 cuillerée à café de vanille liquide
20 cl de crème fleurette très froide
1 noix de beurre pour les moules

Pour le caramel :
40 g de sucre semoule

Pour 4 personnes

• À l'aide d'un couteau électrique ou à pain, taillez 4 tranches de brioche de 1 cm d'épaisseur. Dans chaque tranche, coupez 1 cercle légèrement plus petit que le diamètre des moules.
• Pelez et épépinez les pommes. Coupez-les en lamelles.
• Préchauffez le four à 250 °C (th. 8-9).
• Beurrez largement le fond et le tour des moules. Saupoudrez les fonds de sucre roux. Faites-les chauffer pour que le sucre, en se caramélisant, devienne roux clair.
• Dans les moules, disposez les lamelles de pommes en rosace. À l'aide d'une petite cuillère, versez un peu de caramel par-dessus.
• Recouvrez les lamelles de pommes avec 1 disque de brioche (à l'aide d'un couteau, assurez-vous que les pommes ne collent pas au bord du moule).
• Enfournez les moules et laissez cuire 10 minutes. Baissez la température du four à 220 °C (th. 7-8) et continuez la cuisson pendant 20 minutes.
• Préparez la chantilly à la vanille : dans un récipient froid, fouettez la crème fleurette avec la vanille liquide. Réservez-la au réfrigérateur.
• Sortez les desserts du four et démoulez-les délicatement en les retournant sur les assiettes. Garnissez les cuillères à soupe de chantilly à la vanille. Servez le tout en même temps.

C'est, dit-on, grâce aux sœurs Stéphanie et Caroline Tatin, propriétaires d'un restaurant à Lamotte-Beuvron, en Sologne, où des chasseurs aimaient s'attabler, que la tarte Tatin est née. Un dimanche, alors que leur tarte aux pommes avait brûlé, elles la recouvrirent à la hâte de pâte avant de la remettre au four !

Tartapain
fruits rouges, glace au nougat, mie de pain

Préparation : 25 min
(la veille pour la glace au nougat
et le coulis de fruits rouges)
Cuisson : 30 min pour la tarte
Matériel : moule à tarte de 20 cm
de diamètre, mixeur, sorbetière,
4 fioles en plastique, 4 assiettes
à dessert, cuillère à glace

Ingrédients :

Pour la tartapain :
300 g de mie de pain (au choix)
1 rouleau de pâte brisée
60 cl de sirop d'érable
1 cuillerée à café
de sucre glace
1 noix de beurre pour
le moule

Pour la glace au nougat :
40 g de fruits confits
10 cl de miel liquide
3 œufs
40 cl de crème liquide
très froide
60 g de sucre semoule
100 g d'amandes effilées
et grillées
30 g de pistaches grillées
30 g de noisettes grillées
et concassées

À boire

Château Sainte-Roseline.

Pour 4 personnes

• La veille : préparez la glace au nougat. Dans un bol, mélangez les fruits confits avec les fruits secs grillés.
• Séparez les blancs d'œufs des jaunes. Dans un récipient, fouettez les jaunes avec le sucre jusqu'à ce qu'ils moussent.
• Montez les blancs en neige ferme. À l'aide d'une spatule, incorporez-les délicatement aux jaunes.
• Faites chauffer le miel dans une petite casserole. Retirez-le au premier bouillon. Versez-le en filet sur la mousse aux œufs.
• Fouettez la crème liquide en chantilly. Incorporez-la à la mousse aux œufs. Ajoutez le mélange de fruits confits et de fruits secs en soulevant délicatement la préparation avec la spatule de bas en haut.
• Versez la préparation au nougat dans la sorbetière et faites turbiner au minimum 12 heures.
• Préparez le coulis : sortez les fruits rouges du congélateur 10 minutes avant utilisation. Mixez-les avec le sucre et le jus de citron. Passez au chinois. Versez le coulis dans les fioles en plastique et réservez au réfrigérateur.
• Le jour même : préparez la tartapain. Beurrez le moule à tarte et garnissez-le de pâte brisée en faisant légèrement dépasser les bords. Piquez le fond de tarte avec une fourchette.
• Préchauffez le four à 200 °C (th. 6-7).
• Émiettez finement le pain. Faites sécher la mie au four, sur une plaque, pendant 10 minutes. Laissez-la refroidir dans un bol.

• Dans une casserole, portez le sirop d'érable à ébullition. Retirez-le au premier bouillon. Ajoutez-le sur la mie de pain en remuant avec la spatule. Versez la préparation sucrée sur le fond de tarte.
• Baissez la température du four à 180 °C (th. 6).
• Enfournez la tarte et faites-la cuire 30 minutes. Faites-la reposer sur une grille.
• Au moment de servir : sortez la glace du congélateur. Démoulez la tarte et saupoudrez-la légèrement de sucre glace. Sur chaque assiette, présentez 1 belle part de tarte surmontée d'1 boule de glace au nougat. Servez accompagné d'une pipette de fruits rouges.

Pour le coulis de fruits rouges :
250 g de fruits rouges surgelés (framboises, fraises, groseilles, myrtilles)
Le jus de 1 citron
40 g de sucre semoule

Jacques et Laurence Bazin

Au four et au moulin

« Je me souviens de mon maître d'école quand il disait : "Garçon, tu ne seras qu'un manuel !" » Cela fait quarante et un ans que Jacques Bazin a pris sa revanche dans le 12e arrondissement de Paris. Selon l'artisan du pain : « La profession ne s'est jamais éteinte, elle s'est même renouvelée en se hissant aujourd'hui au plus haut niveau. C'est un dur métier mais en travaillant beaucoup, on peut aussi très bien gagner sa vie... Me concernant, j'ai eu la chance de tomber sur un meunier qui m'a fait confiance en me prêtant trois sous pour acheter cette boulangerie ! » Classée aux Monuments historiques, la boulangerie ne désemplit pas pour ses bons pains. « Mais vous savez, la boulangère joue un rôle essentiel, elle est en relation directe avec la clientèle, c'est elle qui fait la pluie et le beau temps ! » Jacques oublie de mentionner le grand sourire plein de bonne humeur que Laurence trace sur les lèvres de ses clients. Jacques Bazin démarre à 14 ans, chez un patron du pays des moulins : Alençon. En 2003, le boulanger talentueux gagne la septième place au concours de la Meilleure Baguette de Tradition de Paris. « Que pensez-vous de ce pain aux noix vendu au kilo ? » demande-t-il en coupant et en humant son pain. Chez lui, la « Bazinette », autre spécialité de la maison, se fabrique en 8 heures et, pour cela, le boulanger emploie des farines de type 80 du moulin Coutelet. « Enrichie de fleur de sel de Guérande, elle fermente lentement et se pétrit en première vitesse. » Sur l'étal, pains aux figues, aux raisins, au fenouil, à l'orange, aux pruneaux, mais aussi aux olives, aux lardons, à la mimolette, au chorizo ou à l'emmental prennent des formes inédites : en bâtonnets, en pavés...

Bazin
ARTISAN
Pudlo
PARIS

Tartelettes

aux amandes roses et vertes, mie de pain

Préparation : 40 min
Cuisson : 30 min
Matériel : 6 moules à tartelettes, fouet, pinceau, billes en pierre ou haricots secs

Ingrédients :
100 g de mie de pain (au choix) de la veille
250 g de pâte brisée au beurre
6 œufs entiers + 4 blancs + 1 jaune
1 cuillerée à soupe de farine tamisée
100 g de sucre semoule
30 g de poudre d'amandes
18 amandes grillées
3 gouttes de colorants alimentaires rouge et vert
25 cl de lait
1 cuillerée à café de kirsch
1 cuillerée à soupe d'eau de fleur d'oranger
20 g de beurre ramolli pour les moules

À boire

Rosé Prestige 2008, châteaux Minuty.

Pour 6 personnes

- Dans une casserole, portez le lait à ébullition. Retirez-le au premier bouillon.
- Dans un récipient, versez le lait sur la mie de pain réduite en miettes. Laissez-la s'imbiber.
- Sur votre plan de travail légèrement fariné, étalez la pâte sur 3 mm d'épaisseur.
- Montez les blancs d'œufs en neige ferme. Partagez-les en deux et mettez chaque moitié dans un bol. Réservez au réfrigérateur.
- Préparez la pâte aux amandes : dans 2 récipients distincts, mettez 15 g de poudre d'amandes et 3 œufs entiers (en les incorporant l'un après l'autre). Ajoutez la moitié du pain imbibé, du sucre semoule, du kirsch et de la fleur d'oranger. À l'aide d'un fouet, mélangez chaque préparation qui doit être très homogène. Versez, dans l'une, le colorant rouge et dans l'autre le colorant vert. Incorporez délicatement dans chacune la moitié des blancs en neige.
- Préchauffez le four à 180 °C (th. 6).
- Beurrez les moules à tartelettes. Tapissez-les de pâte brisée en faisant légèrement dépasser les bords. À l'aide d'un pinceau, badigeonnez les fonds de jaune d'œuf. Recouvrez-les de petites billes (ou de haricots secs). Enfournez et faites cuire 5 minutes. Retirez les billes et laissez refroidir.
- Garnissez 3 tartelettes de mousse verte et les 3 autres de mousse rouge.
- Enfournez à nouveau les tartelettes et laissez cuire 15 minutes. Piquez au centre de chacune 3 amandes grillées. Remettez-les au four pendant encore 10 minutes (elles doivent rester moelleuses).
- Servez les tartelettes tièdes ou froides.

Tartelettes
au flan d'amandes-mandarines, mie de pain

Préparation : 40 min
Cuisson : 23 min
Matériel : 6 moules à tartelettes, petite râpe

Pour 6 personnes

Ingrédients :
125 g de mie de pain, au choix
10 mandarines bio
250 g de pâte brisée (au beurre)
100 g de poudre d'amandes
100 g de sucre semoule
60 g de beurre ramolli
+ 6 noisettes pour les moules
12 bâtonnets de mandarine confite (en épiceries fines)
4 œufs
1 cuillerée à café de sucre glace
15 cl de lait

- Préchauffez le four à 180 °C (th. 6).
- Faites sécher la mie de pain au four. Émiettez-la.
- Étalez la pâte. Garnissez chaque moule beurré de pâte en laissant un bord dépasser du moule.
- Râpez le zeste des mandarines (sans toucher à la peau). Pressez la chair pour en extraire le jus. Filtrez-le dans une passoire et réservez.
- Préparez le flan : portez le lait à ébullition dans une casserole. Au premier bouillon, retirez-le du feu. Faites infuser le zeste des mandarines pendant 10 minutes. Passez le lait parfumé au chinois.
- Déposez les miettes de pain séchées dans un bol. Versez progressivement le lait parfumé par-dessus.
- Séparez les blancs des jaunes d'œufs. Dans un saladier, fouettez les jaunes avec le beurre et le sucre semoule. Incorporez la poudre d'amandes et les miettes de pain parfumées à la mandarine.
- Montez les blancs en neige ferme. À l'aide d'une spatule, incorporez-les délicatement à la préparation.
- Répartissez le flan dans les moules à tartelettes jusqu'au bord. Enfournez et laissez cuire 10 minutes.
- Sortez les tartelettes du four. Disposez en croisillon, au centre de chacune, 2 bâtonnets de mandarine confite. Remettez les tartelettes au four 10 minutes (les flans doivent rester moelleux).
- Préparez le glaçage : dans une casserole, faites fondre le sucre glace avec le jus de mandarine réservé pendant 3 minutes environ jusqu'à ce que le sirop épaississe.
- Faites refroidir les tartelettes sur une grille. Nappez-les de glaçage et laissez tiédir avant de déguster.

Sorbet

à l'avocat, miel d'acacia, brioche

Préparation : 15 min
+ 3 h minimum
au congélateur
Matériel : mixeur,
sorbetière, cuillère à glace

Pour 4 personnes

Ingrédients :

4 petites brioches
individuelles
3 avocats (juste mûrs)
1 filet de citron
1 cuillerée à soupe de miel liquide
à la fleur d'acacia
1 tasse à café de vin blanc sucré
(monbazillac)
20 airelles déshydratées

- Faites tremper les airelles dans une tasse avec 1 cuillerée à soupe d'eau chaude pour les réhydrater. Réservez-en quelques-unes pour la décoration.
- Pelez et dénoyautez les avocats. Coupez-les grossièrement en morceaux. Mixez-les avec le vin, le miel, le filet de citron et 1 tasse à café d'eau.
- Versez la préparation à l'avocat dans une sorbetière. Parsemez la crème d'avocat d'airelles en veillant à bien les répartir.
- Déposez la sorbetière dans le congélateur et faites turbiner au minimum 3 heures.
- Au moment de servir : sortez le sorbet du congélateur. Coupez un chapeau aux brioches et retirez un peu de mie à l'intérieur.
- À l'aide d'une cuillère à glace, garnissez les brioches de sorbet. Décorez le dessus avec les airelles réservées.

À boire

Monbazillac, cuvée Les Brumes,
château Les Hauts de Caillevel.

Le sorbet à l'avocat peut être préparé la veille.

Carnet pratique

Envies de pains…

Un morceau de pain croustillant, moelleux et parfumé… et tous nos sens sont en émoi !

La vue : la couleur du pain nous interpelle. Il est appétissant, sa croûte est jaune et bien dorée ; les « grignes » (coups de lame sur le pain) sont parfaites.
L'odorat : selon les spécialistes, le pain posséderait environ 200 notes aromatiques différentes. Parfums de forêt, de terre, de blé, de fruits secs… À nous d'en juger. Une chose est sûre : la fermentation de la pâte contrôlée par l'artisan boulanger est primordiale, elle fera ou non un bon pain.
L'ouïe : lorsque vous achetez votre baguette, faites-la chanter en la pressant légèrement sous les doigts : sa croûte craque et craquelle. Le boulanger, quant à lui, la « toque » (tapote) par en dessous pour entendre sa résonance. Écouter le bruit, rompre le pain et l'émietter font partie de ses gestes quotidiens. lorsque le pain a refroidi, il s'est contracté, libérant de la vapeur d'eau et du gaz carbonique : il joue alors sa plus fine partition.
Le toucher : le pain sort tout chaud du four et il nous fait terriblement envie ! Qui n'a pas caressé, pressé, palpé sa mie souple et élastique, sa croûte dorée et croustillante ? Ce pain-là n'attendra pas le retour à la maison !
Le goût : mie-croûte, quel couple parfait ! Les saveurs s'intensifient lors de la mastication. Nature ou spécial, il peut être assorti d'une recette salée ou sucrée faite pour le sublimer !

Ma baguette : comment la choisir ?

Pour être réussie, la baguette doit être régulière, développée, croustillante, dorée, bien grignée. Agréable en bouche, elle doit se conserver jusqu'au bout sans perdre ses qualités. Le boulanger la fabrique à sa façon, plus ou moins cuite selon le goût de son client. Malgré les défauts qu'elle peut avoir (cités ci-dessous), la baguette restera bonne malgré tout.
Croûte pâle : la pâte était trop ferme, trop fermentée ; le four n'était pas assez chaud ou la cuisson était trop courte.
Croûte rouge : cuisson trop longue.
Croûte molle : trop d'humidité.
Croûte cloquée : fermentation trop lente.
Croûte blanche et affaissée sur les bords : les pâtons ont été mal disposés sur la sole du four.
Croûte tachée : le sel ne s'est pas dissous correctement, la levure a été mal répartie.
Grignes déchirées : la pâte était trop ferme ou la température de cuisson trop basse.
Le dessous de la baguette est noir : la sole du four était trop chaude.
Croûte qui s'écaille : le pain s'est trop développé.
Cerne blanc séparant la mie de la croûte et qui se détache par plaques : la baguette a été congelée.
Baguette cintrée : la sole et le four étaient trop chauds.

Comment conserver le pain ?

Notamment, quand on ne possède pas de jolie panetière ancienne ! Le bon pain se conserve à température ambiante pendant 48 heures. Ensuite, il se rassit, c'est-à-dire qu'il perd son humidité et s'assèche. Croûtons, croustels, quignons, chanteaux sont des mots qui désignent l'entame du pain. L'entame, tout comme le reste, se conserve dans un endroit sec. On peut envelopper le pain dans un sac en lin (ou en coton) comme le faisaient nos grands-mères. Attention : ne l'enfermez jamais dans un sac en plastique, car votre pain deviendrait caoutchouteux. Les moisissures sont aussi les pires ennemies du pain.

Quelle farine pour quel pain ?

En région parisienne, 211 380 tonnes de farine sont livrées chaque année en boulangerie artisanale ! Le meunier livre au boulanger une farine panifiable qu'il a travaillée dans les règles de l'art. Cette farine a des qualités qui permettront à la pâte de lever correctement, donc d'apporter au pain son bon goût. La farine est le souci du boulanger au quotidien, elle doit être régulière tous les jours de l'année. Meuniers et boulangers travaillent main dans la main !

Pour fabriquer le pain courant, le boulanger utilise généralement une farine de type 65 : le taux de résidus minéraux ou taux de cendres est compris entre 0,62 et 0,75 %. La farine la plus complète est de type 150.

À chaque farine son usage : le blé tendre, ou froment, livre des farines destinées à la panification, à la pâtisserie et à la cuisine.

Type 45 : très blanche, pour la pâtisserie, la viennoiserie et la cuisine.

Types 55 et 65 : pour le pain courant et les biscuits.

Type 80 : pour le pain de campagne et pains spéciaux.

Types 110 et 150 : pour du pain au son et du pain complet (farine intégrale).

Si le blé fournit l'essentiel de la farine, d'autres farines sont également produites par le meunier.

La farine de seigle : particulièrement cultivé dans les pays nordiques, le seigle est récolté en été. Sa densité est moins importante que celle du blé. Sa mouture est légèrement différente à cause des enveloppes très cassantes. Comme pour la farine de blé, le type de farine de seigle est déterminé en fonction du taux de cendres.

La farine de sarrasin : appelé aussi blé noir, le sarrasin est essentiellement employé aujourd'hui pour la fabrication de crêpes et de galettes. Riche en protéines, minéraux et oligoéléments ainsi qu'en vitamines du groupe B, il est largement utilisé dans les produits diététiques.

La farine de maïs : elle est la base de l'alimentation en Amérique du Sud. Il n'est guère possible d'utiliser seule la farine de maïs pour faire du pain. Le maïs se présente plutôt comme une semoule fine. On l'utilise pour confectionner certains plats typiques.

La farine d'orge : elle permet de réaliser des bouillies et des galettes. On l'emploie aussi pour enrichir les potages et les entremets.

D'autres farines existent : farine de méteil, d'épeautre...

Les mots du pain

Amidon : glucide complexe formé de molécules de glucose. L'amidon constitue la réserve énergétique du grain de blé.

Apprêt : un autre temps de repos, une autre fermentation des pâtons, une fois façonnés.

Cuisson : les pâtons continuent à gonfler en début de cuisson. La mie se développe et cuit pendant

que le pain prend sa forme définitive. Le boulanger surveille attentivement la durée de la cuisson qui varie selon la forme et le poids des pâtons.
Défournement : on sort le pain du four avec précaution. Tout chaud, le pain est fragile. Le ressuage consiste à le laisser refroidir le temps que la vapeur d'eau et le gaz carbonique qu'il contient s'en échappent. On place ensuite le pain dans des bannetons (paniers d'osier) ou sur des grilles à pain pour le vendre en boutique.
Détente : repos des pâtons après la pesée.
Enfournement : le four chauffe, et sa température monte à 250 °C. Avant d'enfourner les pâtons, le boulanger humidifie le four en y injectant de la vapeur. Le pain cuit alors sans se dessécher, la croûte fine et dorée se forme.
Étiquette : l'étiquetage de la composition du pain n'est pas obligatoire en France quand il n'est pas préemballé. Dans la boulangerie sont affichés près du produit et en vitrine le nom du pain proposé à la vente, son poids en grammes s'il pèse plus de 200 g, son prix à la pièce et au poids.
Façonnage : le boulanger sculpte un pâton pour donner forme à son pain. Ce geste s'appelle « la tourne ».
Fermentation : la pâte, en fermentant, donnera au pain un délicieux goût de noisette. Avec une fermentation « longue », la baguette se conservera très bien.
Fournil : lieu de fabrication du pain, où sont installés le pétrin et le four.
Gluten : partie protéique de la farine de blé qui permet la formation d'une pâte à pain élastique.
Levain : mélange de farine et d'eau qui a fermenté naturellement grâce aux ferments sauvages présents dans l'air. D'après le décret du 13 septembre 1993, le levain est une pâte composée de farines de blé et de seigle, seules ou mélangées. On y ajoute de l'eau et du sel avant de laisser agir la fermentation naturelle.
Levain-chef : le boulanger qui veut du pain au levain commence par faire son levain. Il prélève un morceau de pâte dans son pétrin – en principe, un mélange de farines de blé et de seigle. Il peut y mettre un peu de miel.
Levure : un champignon unicellulaire à l'origine des fermentations (*Saccharomyces cerevisiae*). Cet agent biologique transforme les sucres de la pâte en gaz carbonique et en alcool qui s'évaporent à la cuisson. Entre-temps, la pâte aura levé.
AB : (Agriculture biologique). Ce logo certifie la conformité du pain bio.
Meule : cylindre rotatif, plat et massif servant à la mouture de céréales, largement utilisé autrefois. Aujourd'hui, seuls quelques moulins écrasent le blé avec des meules.
Mouture : une association d'opérations successives permettant de réduire l'amande du grain en farine après élimination totale ou partielle des différentes couches que constitue l'enveloppe du grain.
Pâton : morceau de pâte crue non façonnée qui deviendra un pain après façonnage et cuisson.
Pain azyme : pain fait de fine fleur de farine et d'eau. Il n'a pas de levure ni levain. Il ne fermente pas.
Pesée : le boulanger divise la pâte en pâtons qu'il pèse rapidement l'un après l'autre pour s'assurer que chacun a le poids voulu. La diviseuse aide le travail de la pesée.
Pétrin : jadis, une cuve en bois où le boulanger pétrissait la pâte. Aujourd'hui, le pétrin moderne fait le travail.
Pétrissage : un moment décisif ! Le boulanger mélange tous les ingrédients de la pâte. Le gluten contenu dans la farine fixe l'eau versée dans le pétrin. La pâte devient élastique et emprisonne l'air. Pétrissage amélioré de 10 à 15 minutes avec temps de repos ou pétrissage intensifié de 15 à 20 minutes qui fait tourner le pétrin plus vite et fait alors blanchir la pâte… le boulanger choisit !
Pointage : la pâte repose une première fois dans le pétrin avant d'être divisée (fermentation en cuve ou pointage). L'arôme du pain en dépendra.
Poolish : une technique de fermentation intermédiaire (levure-levain) inventée par un Polonais.
Pousse lente : la baguette de tradition « en pousse lente » est réalisée avec une pâte levée (fermentée) de façon très lente. Le terme « en pousse contrôlée » permet au pain d'avoir une fermentation lente et un goût très doux.

Pour en savoir plus :

ANMF (Association nationale de la meunerie française) :
66, rue La Boétie 75008 Paris. Tél. : 01 43 59 45 80
www.meuneriefancaise.com
CNBPF (Confédération nationale de la boulangerie-pâtisserie française) :
27, avenue d'Eylau 75782 Paris Cedex 16. Tél. : 01 53 70 16 25
www.boulangerie.org
CPABP (Chambre professionnelle des artisants boulangers-pâtissiers de Paris, Hauts-de-Seine, Seine-Saint-Denis et Val-de-Marne) : 7, quai d'Anjou 75004 Paris. Tél. : 01 43 25 58 58
www.sp-boulangerieparis.fr
EPI (Espace pain information) : 2, square Pétrarque 75116 Paris. Tél. : 01 44 18 92 16
www.espace-pain-info.com

MUSÉES DU PAIN :
Musée de la Boulangerie de Bonnieux
Tél. : 04 90 75 88 34
Maison du Blé et du Pain de Verdun-sur-Doubs
Tél. : 03 85 91 57 09
Musée de la Boulangerie rurale de La Haye-de-Routot
Tél. : 02 32 57 07 99
Musée de la Boulangerie et de l'Archéologie de Blaye
Tél. : 06 82 34 72 66

Remerciements

Michèle Villemur remercie chaleureusement les artisans-boulangers de Paris et de province qui ont participé à l'ouvrage *Bons Pains, petits festins !* Merci aussi à leurs épouses qui travaillent bien souvent à leurs côtés.

PARIS :
Jacques Bazin
85 bis, rue de Charenton 75012 Paris.
Tél. : 01 43 07 75 21
Anis Bouabsa, *Au Duc de la Chapelle*
32-34, rue Tristan-Tzara 75018 Paris.
Tél. : 01 40 38 18 98
Jean-Pierre Cohier
270, rue du Faubourg-Saint-Honoré 75008 Paris.
Tél. : 01 42 27 45 26
Laurent Connan
38, rue des Batignolles 75017 Paris.
Tél. : 01 45 22 45 04
Robert Gonnet, *Boulangerie de Monge*
123, rue Monge 75005 Paris.
Tél. : 01 43 37 54 20
Frédéric Lalos
74, rue Saint-Charles 75015 Paris.
Tél. : 01 45 78 87 23
Véronique Mauclerc, *Au Vieux Four*
83, rue de Crimée 75019 Paris.
Tél. : 01 42 40 64 55
Pierre Thilloux
96, rue Raymond-Losserand 75014 Paris.
Tél. : 01 45 43 42 45

PROVINCE :
Didier Bonneau, *Boulangerie L'Occitane*
4, avenue Charles-de-Gaulle 24200 Sarlat.
Tél. : 05 53 59 27 03
Alexandre et Magaly Figard, *Boulangerie La Gourmandise*
28, rue Jean-Moulin 25870 Venise.
Tél. : 03 81 57 88 04
Jean-Yves Gautier
Route de Clisson 44000 Saint-Sébastien-sur-Loire.
Tél. : 02 40 34 24 11
François Pozzoli
18, rue Ferrandière 69002 Lyon.
Tél. : 04 78 42 66 27
Jean-Paul Veziano
2, rue de la Pompe 06600 Antibes.
Tél. : 04 93 34 05 46
Pierre Zimmermann
2, impasse du Boulanger 67370 Schnersheim.
Tél. : 03 88 69 60 90

Les chefs des restaurants : Benjamin Cattan (*Roger la Grenouille*, Paris 6e), Francis Delpey (*Le Sixième Sens*, Périgueux), Étienne Guerraud (*Le Café du Commerce*, Paris 15e), Bernard Jean (*Reflets Créoles*, Paris 11e), Vincent Lucas (*La Gentilhommière Étincelles*, Sainte-Sabine-Born), Cédric Tessier (*Le Tourbillon*, Paris 5e), Christian Têtedoie (Lyon).

Les généreux donateurs de produits :
Ostadi Afsiu, *Caviar Latian* 36, rue de l'Annonciation 75016 Paris.
Christophe Darcey, *Le Comptoir Colonial* (épices du monde) 22, rue Lepic 75018 Paris.
Dominique Faye et Philippe Veral, *Faye Gastronomie* 76, avenue Paul-Doumer 75016 Paris.
Dominique Pébeyre (truffes *Melanosporum*) 66, rue Frédéric-Suisse 46000 Cahors.

Les hommes et les femmes de la vigne, pour leurs précieux conseils concernant les accords mets-vins (liste non exhaustive) :
Bergerac : Philippe et Hélène Biau, Laurent de Bosredon, Sylvie Chevallier, Yannick et Ghislaine Dumonteil, Fabrice Feytout Beauportail, Jocelyne Pécou, Christian Roche, Julien de Savignac et Marie-Pierre Tamagnon, Armand et Lisbeth Vidal.
Bordeaux : Hervé Laviale et Griet Van Malderen, la famille Mallo, Christophe Salin, Jean-Pierre de la Tour du Fayet.
Bourgogne : Céline Becam, Daniel-Étienne Defaix, Philippe Drouhin, Cécile Mathiaud et Arnaud Valour, Hervé Tucki.
Centre-Loire : le BIVC.
Côtes-du-Roussillon : Jean-Ernest Sauvion.
Champagne : le comte Audoin de Dampierre, Tristan Depaw, Mme Carol Duval-Leroy et Noémie Ravel-d'Estienne, Xavier Vignon.
Languedoc-Roussillon : Marc Jonas, Luc et Élisabeth Moynier, Isabelle Ruffier, les vins Xavier.
Porto : la Compagnie Porto Real Companhia Velhaavec, Emeric Sauty de Chalon.
Rivesaltes : Franck Lopez.
Rosé : Youlia Baptiste, Mme Bertin, Alain-Dominique Perrin.
Sud-Ouest : les vins de Gaillac.

Merci également à :
EPI (Espace-Pain-Information) et l'agence Équitable : Corinne Glorian, Jean-Marie Jaudon.
Jean-Pierre Crouzet, président de la Confédération nationale de la boulangerie-pâtisserie française.
Jacques Mabille, président de la Chambre professionnelle des boulangers-pâtissiers de Paris, Hauts-de-Seine, Seine-Saint-Denis et Val-de-Marne.

Et à toute l'équipe du livre :
Les éditions Aubanel, Anne Serroy, Laure Lamendin, mon éditrice, Natacha Nikouline, Lucile Jouret, graphiste, Armelle Heron, correctrice.

Remerciements de Natacha Nikouline

Merci tout d'abord à Laure Lamendin et Michèle Villemur ; ce fut un réel plaisir de travailler avec elles sur ce livre.
Merci à Sandrine Montoya, Philippe Collin, Sébastien Sans et Jeanne, Peggy Sastre, Charles Muller, Sébastien Meunier, Fanny Boissard, Thomas Samson, Gaëlle et Fred Lecomte, Stéphane Ruchaud, Alexandre et Claudie Nikouline.
Je remercie également Hervé Pouget et Violette Ebrard à Sarlat pour leur magnifique chambre d'hôtes (www.lamaisondeviolette.com), la *Brocante Capucine* 78, rue de Charenton 75012 Paris.
Enfin, merci à tous les boulangers qui ont participé à ce livre et plus spécialement Jean-Paul Veziano et Fréderic Lalos pour leur grande générosité.

Achevé d'imprimer en août 2009
sur les presses de l'imprimerie Bona à Turin
Dépôt légal : septembre 2009
Imprimé en Italie